《铁路技术管理规程（普速铁路部分）》条文说明

（第一次修订）

下　册

《技规》条文说明编写组

中国铁道出版社有限公司

2025年·北京

内 容 简 介

中国铁路总公司《铁路技术管理规程》(简称《技规》)条文说明按照高速铁路部分和普速铁路部分分别编写,每部分分为上、中、下三册,共六册。上册是《技规》总则和第一编技术设备的条文说明,其中技术设备包括基本要求,线路、桥梁及隧道,信号、通信,铁路信息系统,车站及枢纽,机车车辆,供电、给水,房屋建筑,铁路用地。中册是《技规》第二编行车组织的条文说明,其中普速铁路部分包括基本要求、编组列车、调车工作、行车闭塞和列车运行。下册是《技规》第三编信号显示的条文说明,包括基本要求、固定信号、移动信号及手信号、信号表示器及标志、听觉信号。为便于读者学习,在每条说明前都附有条文。

图书在版编目(CIP)数据

《铁路技术管理规程(普速铁路部分)》条文说明:第一次修订. 下册/《技规》条文说明编写组编 .—修订本 .—北京:中国铁道出版社,2018.5 (2025.12重印)
ISBN 978-7-113-24414-9

Ⅰ. ①铁… Ⅱ. ①技… Ⅲ. ①铁路运输-技术管理-管理规程-中国 Ⅳ. ①U29-65

中国版本图书馆 CIP 数据核字(2018)第 073865 号

书　　名:《铁路技术管理规程(普速铁路部分)》条文说明(第一次修订)　下册
作　　者:《技规》条文说明编写组

责任编辑: 刘　钢　　　**编辑部电话:** (010) 51873055
封面设计: 崔　欣
责任校对: 王　杰
责任印制: 赵星辰

出版发行: 中国铁道出版社有限公司(100054,北京市西城区右安门西街8号)
网　　址: https://www.tdpress.com
印　　刷: 三河市国英印务有限公司
版　　次: 2018 年 5 月第 1 版　2025年12月第16次印刷
开　　本: 880 mm×1 230 mm　1/32　印张:5.25　字数:150 千
书　　号: ISBN 978-7-113-24414-9
定　　价: 30.00 元

前　言

为适应国家铁路运输高度集中、各工作环节紧密联系的特点，确保国家铁路安全正点、方便快捷、高速高效，实现国家铁路科学、规范的技术管理，中国铁路总公司制定了《铁路技术管理规程》（简称《技规》）。

《技规》是中国铁路总公司铁路技术管理的基本规章，是长期生产实践和科学研究的总结。铁路有关部门、单位和人员，必须共同遵守《技规》的有关规定，中国铁路总公司其他规章、标准和规范性文件，以及各部门、各单位制定的技术管理文件等，必须符合《技规》的规定。

本书是对中国铁路总公司第1版《技规》条文的说明，逐条对《技规》条文进行了解释说明，对铁路广大职工和从事铁路有关工作人员学习、掌握《技规》内容，具有重要参考作用。

2014年，中国铁路总公司原科技管理部和原运输局共同组织编写了《技规》条文说明，编写组由铁路管理、科研、行车、设计等部门和单位的人员组成。编写过程中，参编人员认真调研，收集资料，反复讨论，集思广益，力求编写能够充分体现国家铁路技术设备、行车组织、管理体制的特点和要求。条文说明力求详尽完整，以帮助读者深入详细地了解《技规》内容。

参加2014年《技规》条文说明编写工作的主要有中国铁路总公司原科技管理部，原运输局，建设部，安监局，劳卫部，铁路公安局，铁科院，通号公司设计院，沈阳、北京、济南、郑州、西安、武汉、上海、南昌、成都局，广铁集团公司等部门和单位80余人。

2017年9月总公司对第1版《技规》进行了第一次修订，针对《技规》修订条款及其他需完善内容，总公司科信部会同运监局、客运部、货运部、调度部、机辆部、工电部及安监局组织铁科院运经所技术规章管理研究室对条文说明内容进行了修订，参加修订工作的包括总公司相关部门、铁科院、通号公司设计院、哈尔滨、沈阳、北京、太原、郑州、武汉、西安、济南、上海局集团公司等部门和单位60余人。

本书编写与修订过程中，得到了中国铁路总公司各级领导的关怀、指导，得到了铁路局、设计院等有关专家的支持，在此深表感谢！

由于编写组水平有限，书中难免有不妥之处，敬请读者批评指正。

《技规》条文说明编写组

2018年3月6日

目　　录

说　明

《〈铁路技术管理规程〉条文说明》第一次修订内容中，普速铁路部分修改条款如下：第 36 条、第 37 条、第 38 条、第 47 条、第 51 条、第 60 条、第 151 条、第 152 条、第 167 条、第 179 条、第 199 条、第 203 条、第 209 条、第 218 条、第 231 条、第 233 条、第 243 条、第 252 条、第 253 条、第 257 条、第 262 条、第 266 条、第 292 条、第 294 条、第 296 条、第 307 条、第 310 条、第 316 条、第 319 条、第 347 条、第 348 条、第 349 条、第 366 条、第 371 条、第 388 条、第 392 条、第 412 条、第 454 条、第 459 条、附图 1。

《技规》修改的条款，在编号下加“____”表示；条文说明修改的条款，在编号前加“*”表示。

此外，在“计量单位符号”后增加“词语释义”内容。

第三编　信号显示

第十五章　基本要求

第408条　信号是指示列车运行及调车作业的命令，有关行车人员必须严格执行。

信号显示方式及使用方法，应按本规程规定执行。本规程以外的信号显示方式，须经铁路总公司批准，方可采用。

各种信号机和表示器的灯光排列、颜色和外形尺寸，必须符合国家标准、铁道行业标准及铁路总公司规定的标准。

地区性联系用的手信号，由铁路局批准。

本条对确定发布信号显示方式和使用方法以及各种信号机和表示器的灯光排列、颜色和外形尺寸、地区性联系用手信号的权限作出了规定。

信号是对行车或调车人员发出指示运行条件的命令，它通过音响、颜色、形状、位置、灯光等来表示。

铁路运输需高度集中和统一指挥才能保证列车按规定的速度，安全、迅速和不间断地运行。信号在这一过程中起着传递信息、准确预告运行条件的重要作用，所以要求行车有关人员必须严格按信号的指示进行工作，任何单位、个人不得违反。

为统一指挥行车工作，信号应有统一的显示方式及使用方法，以保证行车工作的正常进行。全路的信号显示方式及使用方法均应按本规程的规定执行。由于信号显示方式直接影响行车安全、人身安全和运输效率，各单位不得使用未经铁路总公司批准的信号显示方式。因此，本条明确规定："本规程以外的信号显示方式，须经铁路总公司批准，方可采用。"

因为信号机和表示器的灯光排列、颜色和外形尺寸，涉及确认的准确性，为保证行车安全和人身安全，防止误认，要求各种信号机和表示器的灯光排列、颜色和外形尺寸，必须符合国家标准、铁道行业标准及铁路总公司规定的标准，如《铁路信号设计规范》（TB 10007）等。特别是新建或改建铁路时，如采用本规程以外的特殊显示方式，须经铁路总公司批准，否则不得采用。

地区性联系用的手信号不便统一规定，根据具体情况，由铁路局批准并纳入普速铁路《行车组织规则》。

第409条 铁路信号分为视觉信号和听觉信号。

视觉信号的基本颜色：

红色——停车；

黄色——注意或减低速度；

绿色——按规定速度运行。

听觉信号：号角、口笛、响墩发出的音响和机车、自轮运转特种设备的鸣笛声。

本条规定了视觉信号的基本含义和听觉信号的种类。

铁路信号包括视觉信号和听觉信号两大类。用信号机、信号旗、信号灯、信号牌、信号表示器、信号标志及火炬等显示的信号均属视觉信号。用号角、口笛、机车及自轮运转特种设备的鸣笛及响墩等发出的信号均属听觉信号。

视觉信号的基本颜色规定为红、黄、绿三种。这三种颜色是根据光学原理经过长期研究和实践所确定下来的。视觉信号除基本颜色外，还可以包含图形、文字、闪动等特征。

光的可见光谱有红、橙、黄、绿、青、蓝、紫七种颜色。其中红色光的波长最长，紫色光的波长最短。光的波长越长，穿透周围介质（如空气、水等）的能力也越大。在光的强度相同的条件下，红色比蓝色显示要远得多，同时人对红色的感觉最敏感，所以采用红色作为停车信号。

黄色光的波长略小于红光，黄色玻璃透过光线的能力最大，显示距离也较远，所以采用黄色作为注意或减低速度的信号。

绿色和红色区别最大，容易分辨。除红、橙、黄以外，绿光的波长比较长，也可得到较远的显示距离，所以采用绿色作为按规定速度运行的信号。

因不同条件或场景的限制，在列车运行（或调车作业）过程中，有各自的最高限速值。这些“条件或场景”主要有：

(1)天气状况、环境因素。如风霜雨雪雾、洪水等不良的气候类型，人员密集场所等环境因素，列车通过车站站台等运营场景。

(2)线路状况。如钢轨类型、道岔类型，线路平纵断面状况（坡道、曲线）等。

(3)机车车辆（动车组）的性能、特点。如动车组、普通旅客列车，快运货物列车、普通货物列车，以及装载特殊货物、超限货物的货物列车等，其性能特点各有不同。

(4)电气化区段接触网的情况。

(5)其他特殊情况。如因施工作业等造成的临时性速度限制，调度命令给出的速度限制等。

“信号显示”以“绿色灯光”指示按“规定速度”运行时，是指上述各种条件或场景给出的最高限速值中的最低值。

色灯信号机使用电灯作为光源，以红、黄、绿作为信号的基本颜色，以月白色和蓝色作为调车信号和辅助信号的颜色。为使信号显示能区分列车进入进路时的始端速度和终端速度，除使用三种基本颜色外，还使用灯光的其他特征，以满足信号显示的要求，如数目、位置、闪光特征等。

由于闪光易与断续遮挡的信号混淆，因此闪光信号应严格控制使用。

为易于辨认信号，信号机上同时点亮的基本颜色灯光不应超过两个（附加灯光除外，如进路表示器）。

听觉信号有两种作用：一种是以有一定规律的长短声音响，反映行车的作业要求，如本规程第 460 条、第 461 条、第 462 条所作规定；另外一种听觉信号起警报作用，提醒有关人员注意，如司机鸣笛示警，提醒有关人员注意人身安全。听觉信号的鸣示方式，应按本规程的规定执行。

听觉信号音源中的“号角”和“口笛”，目前现场通常使用喇叭和口哨。

第 410 条 视觉信号分为昼间、夜间及昼夜通用信号。在昼间遇降雾、暴风雨雪及其他情况，致使停车信号显示距离不足 1 000 m，

注意或减速信号显示距离不足400 m，调车信号及调车手信号显示距离不足200 m时，应使用夜间信号。

隧道内只采用夜间或昼夜通用信号。

铁路沿线及站内，禁止设置妨碍确认信号的红、黄、绿色的装饰彩布、标语和灯光。如已装有妨碍确认信号灯光的设备时，应拆除或采取遮光措施。

在规定的信号显示距离内，不得种植影响信号显示的树木。对影响信号显示的树木，其处理办法由铁路局规定。

本条根据昼间信号、夜间信号及昼夜通用信号显示对行车影响的不同程度，规定了使用条件及禁止妨碍确认信号的物体的设置。

以物体的形状、颜色、位置、灯光及其数量来指示铁路行车的条件，通过在眼睛的视网膜上成像，构成铁路行车的视觉信号。

视觉信号分为：

1. 昼间（从日出至日落）信号：根据信号设备的不同形状、数目、颜色或位置来表示信号意义，如臂板信号机的臂板、道岔表示器的标板等。

2. 夜间（从日落至日出）信号：根据信号设备的不同灯光颜色、灯的数目来显示信号意义，如臂板信号机及道岔表示器的灯光。

3. 昼夜通用信号：昼夜信号显示方式一致，如色灯信号机的灯光显示，灯列信号的排列位置、灯的数目等的灯光显示。

在昼间遇有降雾、暴风雨雪及其他情况，影响信号显示，调车信号及手信号达不到本条规定的显示距离时，应及时使用夜间信号。因为昼间信号是以物体的形状、位置为显示方式，它要借助其他光源（主要是太阳光）的反射。当遇有上述情况，其他光源照度降低，信号的形状、位置信息的反射效果变差。而夜间信号为一点光源，不需反射其他光源的光，而能清晰地看到，为保证行车安全，提高运输效率，故需使用夜间信号。

因隧道内无阳光照射，光线较暗，用昼间信号机不易瞭望，故规定隧道内采用夜间信号或昼夜通用信号，以提高信号显示距离。在条件许可、有较好的供电条件时，应优先采用昼夜通用信号。夜间点灯的信号（自动点灯的除外），由车务作业人员负责按时点灯，以保证不间断地使用。

良好的信号显示条件，除设备固有技术条件外，背景及信号与确认人之间的物体是影响信号显示的重要条件。因此，在铁路沿线和车站内，为防止行车有关人员误认信号，禁止设置妨碍确认信号的红、黄、绿的装饰彩布、标语和灯光，有些灯光在不同介质条件下，常常呈现黄、绿颜色，有的光太强，影响行车人员确认。对这样的灯光，应予拆除或采取遮光措施。

信号显示必须达到规定距离，这是对信号设备性能的基本要求。因此，在司机视野范围内，不得有任何物体和树木遮挡信号显示。种植树木涉及部门较多，其处理方法，应由铁路局规定，并应明确规定在任何情况下均不得影响信号显示。

在电气化区段，接触网支柱的设置也不得影响信号的显示距离。

第411条 进站、出站、进路、调车、驼峰、驼峰辅助信号机均以显示停车信号为定位；线路所的通过信号机以显示停车信号为定位，其他通过信号机以显示进行信号为定位。

接近信号机、进站预告信号机、非自动闭塞区段通过信号机的预告信号机及通过臂板，以显示注意信号为定位。

遮断、遮断预告、复示信号机以无显示为定位。

在自动闭塞区段内的车站（线路所），如将进站、正线出站信号机及其直向进路内的进路信号机转为自动动作时，以显示进行信号为定位。

本条根据不同信号机的用途，规定了其定位显示状态。

进站信号机、接车进路信号机、接发车进路信号机、调车信号机、驼峰信号机及驼峰辅助信号机、线路所的通过信号机的显示是指示列车由区间进入分界点（车场）或防护处所起防护作用的信号机。

出站信号机、发车进路信号机是起防护作用的信号机，其显示是指示列车能否向区间（或车场）发车。

调车信号机是起防护作用的信号机，其显示是指示调车车列能否向信号机防护的进路调车。

上述各种信号机，对行车安全有着重要作用，所以规定均以显示停车信号为定位。

通过信号机主要有两类:自动闭塞区段一般的区间通过信号机、线路所(辅助所)的通过信号机。

1. 自动闭塞区段一般的通过信号机设于闭塞分区的分界处,不防护区间道岔,一般采用“绿—红—黄”三灯位机构型式,可能装设容许信号机构。一般未加特殊说明者,“通过信号机”所指即为该类。

2. 线路所(辅助所)的通过信号机设于所间区间的分界处,用于防护线路所(辅助所)。该线路所(辅助所)既可能位于非自动闭塞区段的站间区间,也可能位于自动闭塞区段的站间区间;既可能设有分歧道岔,也可能没有分歧道岔。

区间设有分歧道岔时,可实现列车转线运行;非自动闭塞区段两相邻车站之间距离较长时,增设通过信号机可提高运输效率。防护分歧道岔时采用进站信号机的机构型式(封闭引导信号);不防护分歧道岔时,在非自动闭塞区段一般采用“绿—红”二灯位机构型式,在自动闭塞区段一般采用“绿—红—黄”三灯位机构型式,均不装设容许信号机构。该类通过信号机应由列车调度员(车站值班员)办理方可开放允许信号。

除线路所(辅助所)的通过信号机外,自动闭塞区段的一般通过信号机均是其后方信号机的预告信号机。它是根据列车运行在不同闭塞分区而自动变换信号显示的。为提高通过能力,保证列车经常能在绿色灯光下运行,故该信号机以显示进行信号为定位。

预告信号机共有三类:进站预告信号机、非自动闭塞区段通过信号机的预告信号机、遮断预告信号机。前两者以显示注意信号为定位,后者常态不点灯。

接近信号机、进站预告信号机及通过臂板,均附属于主体信号机,仅能表示主体信号的显示状态。因主体信号机以显示停车信号为定位,故它们均以显示注意信号为定位。

线路所(辅助所)通过信号机的预告信号机亦以显示注意信号为定位。

为提高区段通过能力,减少车站值班员办理进路的次数,在自动闭塞区段内的车站(线路所),当进站信号机、正线出站信号机及其直向进路内的进路信号机转为自动动作时,该信号机即以显示进行信号为定位。此处“直向进路”是指从进站信号机到正线出站信号机的进路内无道岔或道岔均开通直向位置。

信号机的定位，是指无列车运行的条件下，信号机经常保持的显示状态。使用完毕后须立即恢复到规定的显示状态，即定位显示。

停车信号也称禁止信号，是指禁止列车或调车车列越过信号机的信号。

注意信号是指准许列车以准备在前方预定地点停车的速度运行的信号。

进行信号也称允许信号，是指准许列车或调车车列运行的各种信号显示的总称。

＊**第412条** 信号机的关闭时机规定如下：

1. 集中联锁车站的进站、进路、出站信号机，通过信号机，当机车或车辆第一轮对越过该信号机后自动关闭。

2. 调车信号机在调车车列全部越过调车信号机后自动关闭；当调车信号机外方不设轨道占用检查装置或虽设轨道占用检查装置而占用时，应在调车车列全部出清调车信号机内方第一轨道区段后自动关闭，根据需要也可在调车车列第一轮对进入调车信号机内方第一轨道区段后自动关闭。

3. 引导信号应在列车头部越过信号机后及时关闭。

4. 非集中联锁车站的进站信号机及线路所通过信号机，在列车进入接车线轨道区段后自动关闭，出站信号机应在列车进入出站方面轨道区段后自动关闭。

5. 非集中联锁车站，由手柄操纵的信号机：进站信号机在确认列车全部进入接车线警冲标内方，出站信号机在列车全部越过最外方道岔并确认列车全部进入出站方面轨道区段后，恢复手柄，关闭信号。

特殊站(场)执行上述规定有困难时，由铁路局规定。

本条针对不同性质的信号机，对其关闭时机作出了规定。

信号机关闭的时机，与行车安全、效率有直接关系。

1. 第1款

在自动闭塞区段或集中联锁车站，均设有轨道占用检查装置(如轨道电路)，当机车车辆第一轮对越过进站信号机、进路信号机、出站信号机、通过信号机等列车信号机，进入其内方轨道区段时，信号机即自动关闭，以确保行车安全。

本款中的“通过信号机”包括线路所(辅助所)的通过信号机和自动闭塞区段一般的通过信号机。

2. 第 2 款

调车作业比较复杂，经常有推送作业，调车机车乘务员瞭望运行前方的调车信号机显示应处于开放状态，因此调车信号机应在调车车列全部越过调车信号机后自动关闭；取送车辆作业时，在股道、货物线上(可能未设轨道占用检查装置)会留有车辆，而设备本身无法判断“调车车列全部越过调车信号机”这一过程，因此当调车信号机外方(信号机灯光显示的线路方向为信号机外方，亦称信号机前方，见图 412-1)不设轨道占用检查装置或虽设轨道占用检查装置而占用时，在调车车列全部出清调车信号机内方(信号机防护的线路方向为信号机内方，亦称信号机后方，见图 412-1)第一轨道区段后自动关闭。根据需要也可在调车车列第一轮对进入调车信号机内方第一轨道区段后自动关闭，例如在专用的机走线和机务段出口处以及机待线上的调车信号机。

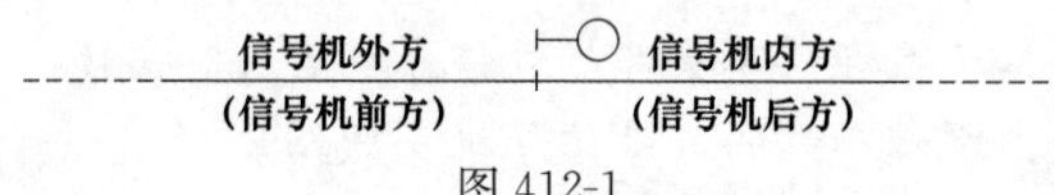

图 412-1

由本规程第 426 条可知，起阻挡列车运行作用的调车信号机，可能增加红色灯光(即具有红、蓝、白三个灯位)。对于此种调车信号机，当列车越过时，其蓝色灯光将自动变为红色灯光，该变化时机执行的是本条第 1 款的规定(即“机车或车辆第一轮对越过”)。

3. 第 3 款

引导信号也是指挥行车的列车信号，其关闭的时机与第 1 款要求相同，应在列车头部越过信号机后及时关闭。

4. 第 4 款

在非集中联锁车站，道岔区一般不设轨道占用检查装置，道岔的锁闭关系是通过信号开放或关闭实现的。若关闭信号机过早，就会造成列车进路中的道岔解锁，敌对信号机可能开放，不能保证行车安全；若关闭信号机过迟，将影响续行列车的接发或调车作业，降低运输效率。所以应按规定及时关闭。在半自动闭塞区段的车站，出站信号机的开放是人工操纵的，出站信号机的关闭是自动的，因此称为半自动闭塞。当列车进入出站方面轨道区段时，出站信号机即自动关闭，实行区间闭塞，表示列车已占用区段，从而可以保证行车安全。

5. 第5款

在非集中联锁车站，为避免半自动闭塞出站信号机的操纵手柄恢复过早，造成闭塞上的错误或进路上的道岔提前解锁，因此规定半自动闭塞出站信号机的手柄，必须在列车全部越过最外方道岔，并确认列车全部进入出站方面轨道区段后，才能恢复。

6. 需要说明的问题

在情况复杂的大站(场)执行上述规定有困难时，信号机恢复定位的时机难以统一规定，应由铁路局规定。

文中所述“信号自动关闭”以“机车车辆第一轮对”、“列车头部”越过信号机作为判定，主要是考虑了司机行车时的实际操作习惯。

在信号控制电路中，以轨道占用检查装置的输出条件与信号自动关闭发生联锁，这就涉及信号机的安装位置和轨道区段边界点之间的相互关系。

轨道区段边界点(钢轨绝缘)与信号机并列安装，对于列车运行、维护管理，以及信号系统确定轨道区段的联锁关系等，均较为有利。但在工程实践中，钢轨绝缘受钢轨结构类型、轨道电路技术参数等影响，信号机的设置位置则受安装限界、显示距离等影响，两者有时难以做到严格并置。

为避免和减少安装信号机时串轨、换轨和锯轨等工作，《铁路信号设计规范》(TB 10007—2006)等相关文件规定：进站信号机、接车进路信号机、接发车进路信号机及自动闭塞区间并置的通过信号机处，钢轨绝缘可设在信号机前方 1 m 或后方 1 m 的范围内；出站信号机(包括出站兼调车)或发车进路信号机、自动闭塞区间单置通过信号机处，钢轨绝缘可设在信号机前方 1 m 或后方 6.5 m 的范围内；调车信号机处的钢轨绝缘可设在其信号机前方或后方各 1 m 的范围内，当该信号机设在到发线上时，钢轨绝缘可设在信号机前方 1 m 或后方 6.5 m 的范围内。在区间，当采用无绝缘移频轨道电路(以 ZPW-2000A 为例)时，通过信号机设于调谐区的起点、距调谐单元(BA)1 m 处。

针对不同类型的机车，考虑司机与机车第一轮对的前后关系，在6502继电联锁中，站内列车信号机的列车信号继电器(LXJ)励磁后遇关闭条件时，设置了一定的缓放时间(2.5～3 s)适度后延信号机关闭的时间，以避免低速运行的列车越过信号机的允许信号时，司机可能短时间看见过早显示红灯的信号。计算机联锁亦沿用了该设计思路。

综上，本条规定的"信号机的关闭时机"考虑了上述工程实践情况。

第413条 进站、出站、进路和通过信号机的灯光熄灭、显示不明或显示不正确时，均视为停车信号。

进站预告信号机或接近信号机的灯光熄灭、显示不明或显示不正确时，均视为进站信号机为关闭状态；非自动闭塞区段通过信号机的预告信号机的灯光熄灭、显示不明或显示不正确时，视为通过信号机为关闭状态。

本条针对信号机灯光熄灭、显示不明或显示不正确时，其显示含义作出了规定。

进站信号机、出站信号机、进路信号机、通过信号机等，对车站(场)、区间或铁路线路平面交叉处所起防护作用。当防护区间、车站等处所的信号机没有清晰准确的指示可以进入时，均不准列车进入该信号机内方，否则将可能造成严重后果。所以规定当以上信号机的灯光熄灭、显示不明或显示不正确时，均应视为停车信号，列车不准越过该信号机，以保证行车安全。

非自动闭塞区段的通过信号机不同于自动闭塞区段普通的通过信号机，一般均设有预告信号机。该预告信号机和进站预告信号机类似，用于预告主体信号机的状态。接近信号机亦可预告进站信号机的状态。

当上述信号机没有清晰准确的预告主体信号机是在开放状态时，应准备在主体信号机前停车，否则将可能造成严重后果。所以当其灯光熄灭、显示不明或显示不正确时，均视为主体信号机为关闭状态。

第414条 新设尚未开始使用及应撤除尚未撤掉的信号机，均应装设信号机无效标，并应熄灭灯光；如为臂板信号机，并须将臂板

置于水平位置。

信号机无效标为白色的十字交叉板。高柱色灯信号机的无效标装在机柱上，矮型色灯信号机的无效标装在信号机构上，臂板信号机的无效标装在臂板上(如第 25 图所示)。

在新建铁路线上，新设尚未开始使用的信号机(进站信号机暂用作防护车站时除外)，可撤下臂板或将色灯机构向线路外侧扭转 90°，并熄灭灯光，作为无效。

第 25 图

本条针对尚未开始使用及应撤除尚未撤掉的信号机装设无效标等措施作出了规定。

在运营线路上，司机对信号的设置位置、显示方式均已熟悉。在施工期间由于新旧信号机交错设置，为防止司机误认信号，保证行车安全，所以规定对新设尚未使用或应撤除尚未撤掉的信号机，均应按规定装设信号机无效标，并应表示明显、正确。不得将色灯信号机构向线路外侧扭转 90°作为无效标，因为这样容易使司机误认为是信号机无显示而按停车信号对待，既影响运输效率也不安全。矮型信号机、信号托架或信号桥上的信号机无效标，可装在机构上。

新建铁路因尚未正式运营，行车较少，所以规定新设尚未开始使用的信号机(进站信号机暂用作防护车站时除外)不装设无效标。如系色灯信号机，可将色灯信号机构向线路外侧扭转 90°，并熄灭灯光，作为无效标志。

第十六章 固定信号

色灯信号机

第415条 进站色灯信号机显示下列信号：

1. 三显示自动闭塞、半自动闭塞、自动站间闭塞区段进站色灯信号机

(1)一个绿色灯光——准许列车按规定速度经正线通过车站，表示出站及进路信号机在开放状态，进路上的道岔均开通直向位置(如第26图所示)；

(2)一个绿色灯光和一个黄色灯光——准许列车经道岔直向位置，进入站内越过次一架已经开放的信号机准备停车(如第27图所示)；

第26图

第27图

(3)一个黄色灯光——准许列车经道岔直向位置，进入站内正线准备停车(如第28图所示)；

(4)一个黄色闪光和一个黄色灯光——准许列车经 18 号及以上道岔侧向位置，进入站内越过次一架已经开放的信号机且该信号机防护的进路经道岔直向位置或 18 号及以上道岔侧向位置(如第 29 图所示)；

第 28 图

第 29 图

(5)两个黄色灯光——准许列车经道岔侧向位置(但不满足上述第(4)项条件)进入站内准备停车(如第 30 图所示)；

(6)一个红色灯光——不准列车越过该信号机(如第 31 图所示)。

第 30 图

第 31 图

2. 四显示自动闭塞区段进站色灯信号机

(1)一个绿色灯光——准许列车按规定速度经道岔直向位置进入或通过车站，表示运行前方至少有三个闭塞分区空闲（如第26图所示）；

(2)一个绿色灯光和一个黄色灯光——准许列车按规定速度经道岔直向位置进入站内，表示次一架信号机经道岔直向位置开放一个黄灯（如第27图所示）；

(3)一个黄色灯光——准许列车按限速要求经道岔直向位置进入站内正线准备停车（如第28图所示）；

(4)一个黄色闪光和一个黄色灯光——准许列车经18号及以上道岔侧向位置，进入站内越过次一架已经开放的信号机且该信号机防护的进路经道岔直向位置或18号及以上道岔侧向位置（如第29图所示）；

(5)两个黄色灯光——准许列车按限速要求越过该信号机，经道岔侧向位置（但不满足上述第(4)项条件）进入站内准备停车（如第30图所示）；

(6)一个红色灯光——不准列车越过该信号机（如第31图所示）。

本条对进站色灯信号机的各种显示含义作了详细描述。

进站信号机、接车进路信号机、接发车进路信号机以及防护区间分歧道岔的线路所通过信号机均采用“双机构带引导”的机构型式，其显示含义较为完备，能指示入口速度和进路的“直弯”。以下条文说明中的“接车信号机”泛指上述各类信号机。

接车信号机信号显示的速度含义见表415-1。

表415-1　接车信号机信号显示的速度含义

信号显示		绿	绿黄	黄	黄闪黄	黄黄	红白	红
速度意义	三显示	$v_{规}/v_{规}$	$v_{规}/v_{规}$或$v_{规}/v_{岔}$	$v_{规}/0$或$v_{规}/v_{岔}$	$v_{大}/v_{规}$或$v_{大}/v_{大}$	$v_{岔}$/—	$v_{引}$/—	0/—
	四显示	$v_{规}/v_{规}$	$v_{规}/v_{黄}$	$v_{黄}/0$或$v_{黄}/v_{岔}$	$v_{大}/v_{规}$或$v_{大}/v_{大}$	$v_{岔}$/—	$v_{引}$/—	0/—

表中：

$v_{规}$——规定速度（规定的允许最高速度）；

$v_{黄}$——黄灯限速(四显示自动闭塞的黄灯限速);

$v_{大}$——18 号或以上道岔侧向限速(18 号道岔侧向限速一般为 80 km/h);

$v_{岔}$——道岔侧向限速;

$v_{引}$——引导限速(20 km/h);

$v_{规}$/$v_{规}$——始端速度/终端速度,其他类同。

由本规程第 409 条的条文说明,进站信号机指示列车按“规定速度”运行时,是指由不同条件或场景给出的最高限速值中的最低值。

进站信号机的显示方式,即是根据上表的原则确定的,这样司机就可以根据不同显示作出判断,按不同速度运行。

1. 第 1 款:非四显示自动闭塞区段的进站信号机

(1)第(1)项:一个绿色灯光指示列车经正线直向通过车站。

此时,接发车进路的道岔均开通直向位置时(进直出直),进路上的列车信号机均在开放状态,准许列车以规定速度经正线直向通过车站。

(2)第(2)项:一个绿色灯光和一个黄色灯光指示进站越场接车。

此时,进站接车进路的道岔开通直向、进路信号机在开放状态;出站信号机(或至少有一架进路信号机)关闭或开通经由道岔侧向位置的发车进路。列车是否应在车站停车,取决于出站(进路)信号机的显示状态。

(3)第(3)项:一个黄色灯光指示进站直向接车。

这通常是指进入站内正线停车;有时经正线直向接车后不需停车,而是经由道岔侧向位置的进路继续发车(进直出弯)。只要发车进路经过道岔侧向,不论道岔的辙叉号多大,均视为“准备停车”。

(4)第(4)项:一个黄色闪光和一个黄色灯光指示进站侧向通过。

通常是在设置有 18 号及以上道岔的车站,为提高列车侧向通过车站的运行速度,指示列车经 18 号及以上道岔“弯进”后“直出”,或指示列车经 18 号及以上道岔“弯进”后,又经 18 号及以上道岔“弯出”。

(5)第(5)项:两个黄色灯光指示进站侧向接车。

此时,接车进路中存在开通侧向位置的道岔。这通常是在到发线上停车,也可能是经侧向接车后继续发车。对于后者,接车进路或发车进路上开通侧向位置道岔的辙叉号小于 18 号,与“黄闪黄”显示相区别。

(6)第(6)项:一个红色灯光指示列车禁止进入其所防护的车站。需在进站信号机外方停车。

2. 第 2 款:四显示自动闭塞区段的进站信号机

其显示具有速度含义：

(1)第(1)项：一个绿色灯光指示列车经正线直向越场接车或通过车站，运行前方至少有三个经直向进路空闲的闭塞分区。

对于规模不大的车站，如运行前方第三个“经直向进路空闲的闭塞分区”延伸至车站前方的区间(包括出站第一离去区段)，则该显示指示的是“经正线直向通过车站”；对于规模较大的车站，如运行前方第三个“经直向进路空闲的闭塞分区”的末端仍为站内信号机，则该显示指示的是“经正线直向越场接车”。

因此，四显示自动闭塞区段的进站信号机显示“绿”与出站信号机是否开放或开放的进路“直弯”没有必然联系。这与非四显示自动闭塞区段有所不同。

(2)第(2)项：一个绿色灯光和一个黄色灯光指示列车经正线直向越场接车，运行前方有两个经直向进路空闲的闭塞分区。

实际上，该显示也可反映列车运行前方第三个“闭塞分区”的状态：其防护信号机关闭或开通经由道岔侧向位置的进路(故“次一架信号机”显示“黄”)；如果列车运行前方第三个“闭塞分区”的防护信号机亦经直向进路开放，则属“绿”的显示含义范畴。

因此，四显示自动闭塞区段的进站信号机显示“绿黄”时，可明确指示列车运行前方次一架信号机开放直向进路，但与出站信号机是否开放或开放的进路“直弯”没有必然联系。这与非四显示自动闭塞区段有所不同。

(3)第(3)项：一个黄色灯光指示进站直向接车。

这通常是指进入站内正线停车；有时经正线直向接车后不需停车，而是经由道岔侧向位置的进路继续发车(进直出弯)。只要发车进路经过道岔侧向，不论道岔的辙叉号多大，均视为“准备停车”。

与非四显示自动闭塞区段不同，它是限速信号，要求通过该信号机时降到规定的黄灯限速以下。

(4)其他显示(第(4)项“黄闪黄”、第(5)项“双黄”、第(6)项“红”)与非四显示自动闭塞区段的情况相同，但具有速度含义。

3. 需要说明的问题

上述说明中的举例针对的是较为典型的场景，未列举实践中的所有情况。

文中所指的信号机“开放”，不包括其显示引导信号。

条文所示插图为示意图。进站信号机的信号机构及灯光配置可参见《铁路信号设计规范》(TB 10007)等相关标准的规定。某些特殊情况(如建设年代较早等)，现场实际的进站信号机机构及灯光配置可能与所示插图有所不同。

(1)非四显示自动闭塞区段的进站信号机：

①当列车进站一端经直向进路、出站一端经道岔侧向位置(进直出弯)时，不能显示“绿”。

②不论正线上有多少架进路信号机，只要有一架信号机关闭或开放经道岔侧向位置的进路，则进站信号机不能显示“绿”。

③若虽经 18 号及以上道岔侧向位置进入站内，但次一架信号机关闭或开放的进路是经 18 号以下道岔侧向位置时，只能显示“双黄”，不能显示“黄闪黄”。

(2)四显示自动闭塞区段的进站信号机：

①车站有连续多架进路信号机时，进站信号机显示“绿”不能表示已经开放出站信号机准许列车通过车站。如不具备“至少三个经直向进路空闲的闭塞分区”，即使出站信号机已经开放，也不能显示“绿”。

②如次一架信号机开放的是经道岔侧向位置的进路时，进站信号只能显示“黄”，不能显示“绿黄”。因为四显示自动闭塞区段列车运行速度最高可达 160 km/h。除发车信号机外，其他列车信号机的显示均具有速度含义。“绿黄”是预告减速信号，表示列车按规定速度注意运行并降到次一架信号机的黄灯限速。如次一架信号机开放的是经道岔侧向位置的进路，由 160 km/h 常用制动在这段距离内不能确保降至道岔侧向限速。

《技规》第三编“信号显示”主要是针对作为“指示列车运行及调车作业的命令”的各种“信号”，就其给出的不同显示，描述其各自表达的含义。对于“色灯信号机”，则是针对其给出的各种灯光显示描述了其所表达的含义。

对于信号工程设计人员或联锁系统的技术人员等，有时仅从本条所述内容并不足以指导电路设计或程序软件的编写，比如：

①对于非四显示自动闭塞区段的进站信号机，仅从“绿黄”的含义描述（“准许列车经道岔直向位置，进入站内越过次一架已经开放的信号机准备停车”）来看，“进直出弯”亦符合其描述，但在设计电路时设计为“黄”较为妥当。

对于其“绿黄”显示，在较早投入运营且尚未改造的线路，可能是按原铁道部发布的标准图《色灯信号机信号显示举例图册》（电号 9047）进行的设计。按照当时的思路，当进站信号机前方的接车进路信号机显示“双黄”时，如满足相关条件，本进站信号机可能显示“绿黄”。

随着四显示自动闭塞制式在各大干线推广，为统一信号显示制式，在非四显示自动闭塞区段指示“进直出弯”时，进站信号机一般也不再设计“绿黄”灯。《色灯信号机信号显示举例图册》（电号 9047）已经作废，但目前仍在运营的少数区段尚未改造。

②对于进站信号机的“黄灯”显示，仅从其含义描述（“准许列车经道岔直向位置，进入站内正线准备停车”、“准许列车按限速要求经道岔直向位置进入站内正线准备停车”）来看，并不足以进行点灯电路的设计。

考虑《技规》的定位是对铁路现状进行技术管理的规定，故其正文的写法较为宏观。

第 32 图

第 416 条　进站及接车进路、接发车进路色灯信号机的引导信号显示一个红色灯光及一个月白色灯光——准许列车在该信号机前方不停车，以不超过 20 km/h速度进站或通过接车进路，并须准备随时停车（如第 32 图所示）。

本条对进站色灯信号机及接车进路、接发车进路色灯信号机的引导信号显示含义作了描述。

进站信号机及接车进路、接发车进路信号机的引导信号显示一个红色灯光及一个月白色灯光。如红灯熄灭，仅显示一个月白灯时，不能作为引导信号。

条文所示插图为示意图。进站及接车进路、接发车进路信号机的信号机构及灯光配置可参见《铁路信号设计规范》(TB 10007)等相关标准的规定。某些特殊情况(如建设年代较早等)，现场实际的进站及接车进路、接发车进路信号机机构及灯光配置可能与所示插图有所不同。

第 417 条 出站色灯信号机显示下列信号：

1. 半自动闭塞或自动站间闭塞区段

(1)一个绿色灯光——准许列车由车站出发(如第 33 图所示)；

第 33 图

(2)两个绿色灯光——准许列车由车站出发，开往次要线路(如第 34 图所示)；

(3)一个红色灯光——不准列车越过该信号机(如第 35 图所示)；

第 34 图

第 35 图

(4)在兼作调车信号机时,一个月白色灯光——准许越过该信号机调车(如第 36 图所示)。

2. 三显示自动闭塞区段

(1)一个绿色灯光——准许列车由车站出发,表示运行前方至少有两个闭塞分区空闲(如第 37 图所示);

(2)一个黄色灯光——准许列车由车站出发,表示运行前方有一个闭塞分区空闲(如第 38 图所示);

第 36 图

第 37 图

(3)两个绿色灯光——准许列车由车站出发，开往半自动闭塞或自动站间闭塞区间(如第 39 图所示)；

(4)一个红色灯光——不准列车越过该信号机(如第 40 图所示)；

(5)在兼作调车信号机时，一个月白灯光——准许越过该信号机调车(如第 41 图所示)。

3. 四显示自动闭塞区段

第 38 图

第 39 图

(1)一个绿色灯光——准许列车由车站出发,表示运行前方至少有三个闭塞分区空闲(如第 42 图所示);

(2)一个绿色灯光和一个黄色灯光——准许列车由车站出发,表示运行前方有两个闭塞分区空闲(如第 43 图所示);

(3)一个黄色灯光——准许列车由车站出发,表示运行前方有一

第 40 图

第 41 图

个闭塞分区空闲(如第 44 图所示);

(4)两个绿色灯光——准许列车由车站出发,开往半自动闭塞或自动站间闭塞区间(如第 45 图所示);

(5)一个红色灯光——不准列车越过该信号机(如第 46 图所示);

第 42 图

第 43 图

(6)在兼作调车信号机时，一个月白色灯光——准许越过该信号机调车(如第 47 图所示)。

第 44 图

第 45 图

第 46 图

第 47 图

本条对出站色灯信号机的各种显示含义作了详细描述。

出站信号机不反映发车进路道岔侧向通过速度。

根据需要，出站信号机可能装设进路表示器，用以区分发车方向，其规定可参见本规程第78条、第448条。

当出站信号机指示的各发车方向的闭塞方式不同时，由不同的“款”表述。例如四显示自动闭塞区段车站中的某一出站信号机：当其信号显示指示向正方向发车时，其显示含义如第3款（如“一个绿色灯光”表示“准许列车由车站出发，表示运行前方至少有三个闭塞分区空闲”）；当其信号显示指示向反方向（自动站间闭塞方式）发车时，其显示含义如第1款（如“一个绿色灯光”表示“准许列车由车站出发”）。

1. 第1款：半自动闭塞或自动站间闭塞区段的出站信号机

在半自动闭塞区段，出站信号机的显示仅表示是否准许列车由车站出发，所以采用绿、红两个基本灯光。对于自动站间闭塞仅在办理闭塞的操作上与半自动闭塞有所区别，而对列车占用区间的凭证没有区别，因此本条也适用于自动站间闭塞区段。

出站信号机指示两个运行方向时，如未采用进路表示器的方式区分，则其“双绿”显示表示准许列车由车站出发，开往次要线路，与“绿”相区别。

2. 第2款：三显示自动闭塞区段的出站信号机

在三显示自动闭塞区段，为使出站信号机的显示能表示闭塞分区空闲情况，采用黄、绿、红三个基本灯光。

当出站信号机指示两个运行方向时，如未采用进路表示器的方式区分，可增加“双绿”显示。在自动闭塞区段，当显示“双绿”时，准许列车由车站出发，开往半自动闭塞或自动站间闭塞区段。

矮型出站信号兼作调车时，采用两个机构的形式。位于线路外侧的信号机构为绿灯和黄灯，靠近线路侧的信号机构月白灯和红灯。使绿色灯光和黄色灯光在一条垂直线上，作为出站信号用；月白色灯光作为调车信号用。如此设置，遇矮型出站信号机装设进路表示器时，便于确认信号。

3. 第3款：四显示自动闭塞区段的出站信号机

在四显示自动闭塞区段，表示闭塞分区空闲情况需要比三显示自动闭塞多一种显示，所以采用绿、红、黄三个基本灯光，并以绿色灯光和黄色灯光组合为一个显示。

4. 需要说明的问题

条文所示插图为示意图，未体现进路表示器（参见本规程第448条）的情况。出站信号机的信号机构及灯光配置可参见《铁路信号设计规范》（TB 10007）等相关标准的规定。某些特殊情况（如建设年代较早等），现场实际的出站信号机机构及灯光配置可能与所示插图有所不同。

第418条 进路色灯信号机的显示：

1. 接车进路及接发车进路色灯信号机的显示与进站色灯信号机相同。

2. 三显示自动闭塞、半自动闭塞、自动站间闭塞区段的发车进路色灯信号机显示下列信号：

（1）一个绿色灯光——准许列车由车站经正线出发，表示出站和进路信号机均在开放状态（如第48图所示）；

第48图

（2）一个绿色灯光和一个黄色灯光——准许列车越过该信号机，表示该信号机列车运行前方次一架信号机在开放状态（如第49图所示）；

（3）一个黄色灯光——准许列车运行到次一架信号机之前准备

第 49 图

停车(如第 50 图所示);

第 50 图

(4)一个红色灯光——不准列车越过该信号机(如第 51 图所示)。

3. 四显示自动闭塞区段发车进路色灯信号机显示下列信号:

(1)一个绿色灯光——表示该信号机列车运行前方至少有两架信号机经道岔直向位置在开放状态(如第 48 图所示);

第 51 图

(2)一个绿色灯光和一个黄色灯光——表示该信号机列车运行前方次一架信号机经道岔直向位置在开放状态(如第 49 图所示);

(3)一个黄色灯光——准许列车运行到次一架信号机之前准备停车(如第 50 图所示);

(4)一个红色灯光——不准列车越过该信号机(如第 51 图所示)。

4. 接车进路、发车进路及接发车进路色灯信号机兼作调车信号机时,一个月白色灯光——准许越过该信号机调车(如第 52 图所示)。

第 52 图

本条对接车进路、发车进路和接发车进路色灯信号机的各种显示含义作了详细描述。

接车进路信号机对到达列车指示运行条件，主要用于指示列车能否由一个车场向另一个车场接车(指示列车在站内运行)。

发车进路信号机对出发列车指示运行条件，主要用于指示列车能否由一个车场向另一个车场出发(指示列车在站内运行)。

接发车进路信号机对到达及出发列车指示运行条件，指示列车在站内运行。

1. 第1款:接车进路及接发车进路信号机

其作用与进站信号机基本相同，因此，其显示方式亦与进站信号机一致。

同时具有接车和发车功能的接发车进路信号机，与接车进路信号机的显示相同，而与发车进路信号机的显示不完全相同。

进站信号机、接车进路信号机、防护区间分歧道岔的线路所通过信号机等“接车信号机”均为“双机构带引导”的机构型式，其显示含义较为完备，能指示入口速度和进路的“直弯”。接发车进路信号机亦采用“双机构带引导”的机构型式。

《铁路信号设计规范》(TB 10007—2006)推荐的“色灯信号机机构及灯光配列方式用途表”中，同时具有接车和发车进路功能，且显示与接车进路信号机不完全相同的接发车进路信号机仅一项(即“带调车信号的两方向出站信号兼接车进路信号机”)，该型式的信号机既能显示“双绿”、也能显示“双黄”。但“双绿”显示是出站信号机特有的显示(指示向区间发车)，单纯的发车进路信号机没有该种显示。故该“带调车信号的两方向出站信号兼接车进路信号机”的显示也不同于发车进路信号机。

2. 第2款:非四显示自动闭塞区段的发车进路信号机

其显示与出站信号机有联系。

(1)第(1)项:一个绿色灯光指示列车经由本信号机防护的进路(直向或经道岔侧向位置)进入车站正线，然后直向出站，即运行前方的进路信号机及出站信号机均开通直向进路。

(2)第(2)项:一个绿色灯光和一个黄色灯光指示列车经由本信号机防护的进路(直向或经道岔侧向位置)运行，并越过次一架信号机。

3. 第 3 款:四显示自动闭塞区段的发车进路信号机

其显示与出站信号机没有必然的联系;其允许信号显示与列车运行前方次一架或次两架信号机是否开放以及是否开放直向进路相关。

(1)第(1)项:一个绿色灯光指示列车经由本信号机防护的进路(直向或经道岔侧向位置)运行,并至少可连续越过前方两架经直向进路开通的信号机。对于规模不大的车站,如运行前方第三架信号机开放的直向进路延伸至车站前方的区间(包括出站第一离去区段),则该显示指示的是“进入车站正线,然后直向出站”;对于规模较大的车站,如运行前方第三架信号机开放的直向进路的末端仍为站内信号机,则该显示指示的是“在站内越场发车”。

(2)第(2)项:一个绿色灯光和一个黄色灯光指示列车经由本信号机防护的进路(直向或经道岔侧向位置)运行,并可越过前方次一架经直向进路开通的信号机。对于规模较小的车站,如运行前方次一架信号机为出站信号机,则该显示指示的是“进入车站正线,然后直向出站”;对于规模较大的车站,如运行前方次一架信号机开放的直向进路的末端仍为站内信号机,则该显示指示的是“在站内越场发车”。

4. 需要说明的问题

综上,四显示自动闭塞区段发车进路信号机的显示与出站信号机是否开放或开放的进路“直弯”没有必然联系。这与非四显示自动闭塞区段有所不同。

上述说明中的举例针对的是较为典型的场景,未列举实践中的所有情况。

本条文中所指的信号机“开放”,不包括其显示引导信号。

条文所示插图为示意图,未体现进路表示器(参见本规程第 448 条)的情况。进路信号机的信号机构及灯光配置可参见《铁路信号设计规范》(TB 10007)等相关标准的规定。某些特殊情况(如建设年代较早等),现场实际的进路信号机机构及灯光配置可能与所示插图有所不同。

《技规》第三编“信号显示”主要是针对作为“指示列车运行及调车作业的命令”的各种“信号”,就其给出的不同显示,描述其各自表达的含义。对于“色灯信号机”,则是针对其给出的各种灯光显示描述了其所表达的含义。

对于信号工程设计人员或联锁系统的技术人员等，有时仅从本条所述内容并不足以指导电路设计或程序软件的编写，比如：

(1)对于非四显示自动闭塞区段的发车进路信号机，仅从“绿黄”的含义描述(“准许列车越过该信号机，表示该信号机列车运行前方次一架信号机在开放状态”)来看，“进入正线后直向出站”和“进弯出弯”均符合其描述。但在设计电路时，前者设计为“绿”、后者设计为“黄”较为妥当。

在非四显示自动闭塞区段，发车进路信号机的“绿黄”显示所指示的条件较为复杂。在较早投入运营且尚未改造的线路，可能是按原铁道部发布的标准图《色灯信号机信号显示举例图册》(电号 9047)进行的设计。按照当时的思路，当发车进路信号机前方的接车进路信号机显示“双黄”时，如满足相关条件，本发车进路信号机可能显示“绿黄”，即指示“进直出弯”或“进弯出弯”。

随着四显示自动闭塞制式在各大干线推广，为统一信号显示制式，一般均以“黄”指示“进直出弯”。相对而言，“进弯出弯”的限制级别更高，亦以黄灯作为指示。由此，对于上述两种情况，发车进路信号机一般不再设计“绿黄”灯。《色灯信号机信号显示举例图册》(电号 9047)已经作废，但因发车进路信号机没有速度含义，也不指示进路的直弯，故目前仍在运营的少数区段尚未改造。

(2)对于发车进路信号机的“黄灯”显示，仅从其含义描述(“准许列车运行到次一色灯信号机之前准备停车”)来看，并不足以进行点灯电路的设计。

考虑《技规》的定位是对铁路现状进行技术管理的规定，故其正文的写法较为宏观。

第 419 条　通过色灯信号机显示下列信号：

1. 半自动闭塞及自动站间闭塞区段

(1)一个绿色灯光——准许列车按规定速度运行(显示方式参照第 53 图，但机构为二显示)；

(2)一个红色灯光——不准列车越过该信号机(显示方式参照第 55 图，但机构为二显示)。

2. 三显示自动闭塞区段

(1)一个绿色灯光——准许列车按规定速度运行,表示运行前方至少有两个闭塞分区空闲(如第 53 图所示);

(2)一个黄色灯光——要求列车注意运行,表示运行前方有一个闭塞分区空闲(如第 54 图所示);

(3)一个红色灯光——列车应在该信号机前停车(如第 55 图所示)。

3. 四显示自动闭塞区段

(1)一个绿色灯光——准许列车按规定速度运行,表示运行前方至少有三个闭塞分区空闲(如第 56 图所示);

第 53 图

第 54 图

(2)一个绿色灯光和一个黄色灯光——准许列车按规定速度运行,要求注意准备减速,表示运行前方有两个闭塞分区空闲(如第 57 图所示);

(3)一个黄色灯光——要求列车减速运行,按规定限速要求越过该信号机,表示运行前方有一个闭塞分区空闲(如第 58 图所示);

(4)一个红色灯光——列车应在该信号机前停车(如第 59 图所示)。

第 55 图

第 56 图

第 57 图

第 58 图

第 59 图

本条对通过色灯信号机的各种显示含义作了详细描述，适用于自动闭塞区段一般的通过信号机，也适用于线路所的通过信号机开通直向进路的情况。

在区间分歧道岔处设置的通过信号机兼有进站和出站信号的作用，因此必须设置双机构带引导的机构型式，以与其他通过信号机相区别。在其显示停车信号时，列车停车后，必须待其显示进行信号后方准进入该信号机内方。在自动闭塞区段亦不得按本规程第 316 条的规定(……停车等候 2 min，该信号机仍未显示允许运行的信号时，即以遇到阻碍能随时停车的速度继续运行，最高不超过 20 km/h，运行到次一通过信号机(进站信号机)，按其显示的要求运行……)办理。

自动站间闭塞区段通过信号机的显示与半自动闭塞区段相同。其他通过信号机的显示方式与出站色灯信号机相同。

由本规程第 409 条的条文说明，通过信号机以“绿”或“绿黄”指示列车按“规定速度”运行时，是指由不同条件或场景给出的最高限速值中的最低值。

条文所示插图为示意图，未体现线路所防护分歧道岔的通过信号机(参见本规程第 420 条)的情况。通过信号机的信号机构及灯光配置可参见《铁路信号设计规范》(TB 10007)等相关标准的规定。某些特殊情况

(如建设年代较早、位于桥隧地段等),现场实际的通过信号机机构及灯光配置可能与所示插图有所不同。

第420条 线路所防护分歧道岔的色灯信号机开放经道岔侧向位置的进路时显示下列信号:

1. 一个黄色闪光和一个黄色灯光——表示分歧道岔为18号及以上,开往半自动闭塞或自动站间闭塞区间,或开往自动闭塞区间且列车运行前方次一闭塞分区空闲(如第29图所示)。

2. 不满足上述第1款条件时,显示两个黄色灯光(如第30图所示)。

防护分歧道岔的线路所通过信号机,其机构外形和显示方式,应与进站信号机相同,引导灯光应予封闭。该信号机显示红色灯光时,不准列车越过。

本条对设有分歧道岔线路所的通过色灯信号机,当其开通经由道岔侧向位置的进路时的显示含义作了描述;当其开通直向进路时,其显示含义如本规程第419条。

线路所的通过信号机具有进站和出站双重性质。当其防护分歧道岔时,统一采用进站信号机的机构型式,其显示原则按进站信号机处理。

该类通过信号机不同于自动闭塞区段一般的通过信号机,而应视为绝对信号,当其显示红色灯光时,不准许列车越过。由于该信号机不允许办理引导接车信号,而其机构型式与进站信号机相同,所以引导灯光予以封闭。

该类通过信号机开放经由道岔侧向位置的进路时,一般采用"双黄"表示,此时,要求司机在越过该信号机时的运行速度应降至防护道岔侧向通过的限制速度。当采用18号及其以上道岔且满足相关条件时,增加"黄闪黄"显示。相关条件是指:开往自动闭塞区间且列车运行前方次一闭塞分区空闲;若开往半自动闭塞或自动站间闭塞区段时,指运行前方至进站信号机(或其他信号机)的距离满足制动距离要求,或两者构成必要的显示联系。

条文所示插图为示意图,未体现自动闭塞区段一般的通过信号机(参见本规程第 419 条)的情况。线路所防护分歧道岔的通过信号机的信号机构及灯光配置可参见《铁路信号设计规范》(TB 10007)等相关标准的规定。某些特殊情况(如位于桥隧地段等),现场实际的线路所防护分歧道岔的通过信号机机构及灯光配置可能与所示插图有所不同。

第 421 条 容许信号显示一个蓝色灯光——准许列车在通过色灯信号机显示红色灯光的情况下不停车,以不超过 20 km/h 的速度通过,运行到次一架通过信号机,并随时准备停车(如第 60 图所示)。

第 60 图

本条对容许信号显示含义作了描述。

本规程第 74 条规定:"……在自动闭塞区段内,当货物列车在设于上坡道上的通过信号机前停车后起动困难时,在该信号机上应装设容许信号……"

装有容许信号的通过信号机,当容许信号显示一个蓝色灯光时,对铁路局规定的停车后起动困难的列车,准许在该通过信号机显示红灯的情况下不停车,限速通过,当容许信号灯光熄灭,司机在确认该通过信号机装有容许信号时,仍可按上述限制速度通过该信号机。

条文所示插图为示意图。通过信号机的信号机构及灯光配置可参见

《铁路信号设计规范》(TB 10007)等相关标准的规定。某些特殊情况(如建设年代较早、位于桥隧地段等),现场实际的通过信号机机构及灯光配置可能与所示插图有所不同。

第 422 条 遮断色灯信号机显示一个红色灯光——不准列车越过该信号机;不点灯时,不起信号作用(如第 61 图所示)。

第 61 图

本条对遮断色灯信号机显示含义作了描述。

本规程第 75 条规定:"有人看守道口设遮断信号机;在有人看守的桥隧建(构)筑物及可能危及行车安全的坍方落石地点,根据需要设遮断信号机。该信号机距防护地点不得小于 50 m。"

根据需要,在繁忙道口、有人看守的较大桥隧建筑物及可能危及行车安全的坍方落石地点可设置遮断信号机。为与其他信号机相区别,采用方形背板,并在机柱上涂有黑白斜线。遮断信号机平时不点灯,不起信号作用。当遇有危及行车安全情况时,显示一个红色灯光,不准许列车越过该信号机。

第 423 条 遮断信号机的预告信号机显示一个黄色灯光——表示

遮断信号机显示红色灯光;不点灯时,不起信号作用(如第 62 图所示)。

第 62 图

其他预告色灯信号机显示下列信号:

1. 一个绿色灯光——表示主体信号机在开放状态(如第 63 图 A 所示);

2. 一个黄色灯光——表示主体信号机在关闭状态(如第 63 图 B 所示)。

A

B

第 63 图

本条对预告色灯信号机显示含义作了描述。

本规程第 76 条规定："半自动闭塞、自动站间闭塞区段，进站信号机为色灯信号机时，设色灯预告信号机或接近信号机。遮断信号机和半自动闭塞、自动站间闭塞区段线路所通过信号机，设预告信号机。列车运行速度不超过 120 km/h 的区段，预告信号机与其主体信号机的安装距离不得小于 800 m，当预告信号机的显示距离不足 400 m 时，其安装距离不得小于 1 000 m……"

预告色灯信号机仅表示其主体信号机的开放和关闭。

预告信号机共有三类：进站预告信号机、非自动闭塞区段通过信号机的预告信号机、遮断预告信号机。前两者以显示注意信号为定位，后者常态不点灯。

遮断信号机的预告信号机仅有一个灯位（黄色灯光），与其他预告信号机的显示方式不同。正常状态不点灯，不起信号作用；当其显示一个黄色灯光时，表示遮断信号机显示红色灯光。

对于其他预告信号机，当显示一个绿色灯光时，仅能表示主体信号机在开放状态（不包括显示引导信号），不能复示主体信号机的各种显示含义和要求。当其灯光熄灭时，列车亦应按黄色灯光运行。

本条文中所指的信号机"开放"，不包括其显示引导信号；相应地，信号机"关闭"包括其显示引导信号。

条文所示插图为示意图。各种预告信号机的信号机构及灯光配置可参见《铁路信号设计规范》（TB 10007）等相关标准的规定。某些特殊情况（如位于桥隧地段等），现场实际的预告信号机机构可能与所示插图有所不同。

第 424 条 接近色灯信号机显示下列信号：

1. 一个绿色灯光——表示进站信号机开放一个绿色灯光或一个绿色灯光和一个黄色灯光（如第 64 图所示）；

2. 一个绿色灯光和一个黄色灯光——表示进站信号机开放一个黄色灯光（如第 65 图所示）；

3. 一个黄色灯光——表示进站信号机在关闭状态，或表示进站信号机显示两个黄色灯光或一个黄色闪光和一个黄色灯光（如第 66

图所示)。

第 64 图

第 65 图

第 66 图

本条对接近色灯信号机的显示含义作了描述。

本规程第 76 条规定:"半自动闭塞、自动站间闭塞区段,进站信号机为色灯信号机时,设色灯预告信号机或接近信号机……列车运行速度超过 120 km/h 的区段,设置两段接近区段,在第一接近区段和第二接近区段的分界处,设接近信号机,在第一接近区段入口内 100 m 处,设置机车信号接通标。”

列车运行速度超过 120 km/h 的线路，当采用半自动闭塞或自动站间闭塞时，应设置两个接近区段和接近信号机。接近信号机的安装位置应根据牵引计算确定，并以其作为两个接近区段的分界；在第一接近区段入口 100 m 处设置“机车信号接通标”。接近信号机的显示与四显示自动闭塞的通过信号机显示方式相同，但红色灯位封闭。当灯光熄灭时，列车应按黄色灯光运行。

本条文中所指的信号机“开放”，不包括其显示引导信号；相应地，信号机“关闭”包括其显示引导信号。

条文所示插图为示意图。接近信号机的信号机构及灯光配置可参见《铁路信号设计规范》(TB 10007)等相关标准的规定。某些特殊情况(如位于桥隧地段等)，现场实际的预告信号机机构可能与所示插图有所不同。

第 425 条 遮断及其预告信号机采用方形背板，并在机柱上涂有黑白相间的斜线，以区别于一般信号机(如第 61 图、第 62 图所示)。

本条对遮断及其预告信号机与一般信号机的区别方式作出了规定。

为与其他信号机相区别，遮断信号机及其预告信号机采用方形背板，并在机柱上涂有黑白色斜线。

第 426 条 调车色灯信号机显示下列信号：

1. 一个月白色灯光——准许越过该信号机调车(如第 67 图所示)；

2. 一个月白色闪光灯光——装有平面溜放调车区集中联锁设备时，准许溜放调车(如第 68 图所示)；

3. 一个蓝色灯光——不准越过该信号机调车(如第 69 图所示)。

不办理闭塞的站内岔线，在岔线入口处设置的调车信号机，可用红色灯光代替蓝色灯光(如第 70 图 A 所示)。

第 67 图

第 68 图

起阻挡列车运行作用的调车信号机，应采用矮型三显示机构，增加红色灯光或用红色灯光代替蓝色灯光(如第 70 图 B、第 70 图 C 所示)。当该信号机的红色灯光熄灭、显示不明或显示不正确时，应视为列车的停车信号。

第 69 图

第 70 图

本条对调车色灯信号机的显示含义作了描述和规定。

在较大车站，列车在站内运行时，有时要经过几架调车信号机，为避免调车信号的显示影响列车运行，调车信号灯光与列车信号的灯光颜色应有所区别。因红、黄、绿三种颜色已作为列车信号的灯光使用，所以调车信号机的显示采用月白色和蓝色灯光。

为更有效地对车站进行防护，对不办理闭塞的站内岔线，在岔线入口处设置的调车信号机，用红色灯光代替蓝色灯光。

尽头式到发线的末端没有必要设置出站信号机，但需对列车运行起阻挡作用，故通常用红色灯光代替蓝色灯光，采用“封闭—红—白”的矮型三灯位信号机构。

在股道中部设置的指示短列车重联（如大秦线）的信号机，可能不具备显示“黄”及以上的允许信号，亦没必要设置列车信号机。对于这类信号机，为对列车起阻挡作用，需要以红色灯光指示列车停车，而又区别于一般调车信号机，故采用矮型三灯位的机构型式，通常采用“白—蓝—红”（或“红—蓝—白”）三灯位信号机构。当办理越过该信号机的列车进路时，该信号机点亮一个蓝色灯光（对列车无效），当列车头部越过该信号机后，点亮一个红色灯光。

对于上述起阻挡列车运行作用的调车信号机，当其灯光熄灭或显示不明、不正确时，均应视为列车停车信号。

条文所示插图为示意图。调车信号机的信号机构及灯光配置可参见《铁路信号设计规范》（TB 10007）等相关标准的规定。某些特殊情况，现场实际的调车信号机机构及灯光配置可能与所示插图有所不同。

第 427 条　驼峰色灯信号机及其复示信号机显示下列信号：

1. 一个绿色灯光——准许机车车辆按规定速度向驼峰推进（驼峰色灯信号机如第 71 图所示）；

2. 一个绿色闪光灯光——指示机车车辆加速向驼峰推进（驼峰色灯信号机如第 72 图所示）；

3. 一个黄色闪光灯光——指示机车车辆减速向驼峰推进（驼峰色灯信号机如第 73 图所示）；

4. 一个红色灯光——不准机车车辆越过该信号机或指示机车车辆停止作业（驼峰色灯信号机如第 74 图所示）；

5. 一个红色闪光灯光——指示机车车辆自驼峰退回（驼峰色灯信号机如第 75 图所示）；

6. 一个月白色灯光——指示机车到峰下（驼峰色灯信号机如第 76 图所示）；

7. 一个月白色闪光灯光——指示机车车辆去禁溜线或迂回线

(驼峰色灯信号机如第 77 图所示)。

驼峰色灯信号机的复示信号机平时无显示(如第 78 图所示);当办理驼峰推送进路后,其显示方式与驼峰色灯信号机相同。

第 71 图

第 72 图

第 73 图

第 74 图

第 75 图　第 76 图　第 77 图　第 78 图

本条对驼峰色灯信号机及其复示信号机的显示含义作了描述。

由于驼峰调车作业项目较多，车列的编组和解体计划要通过驼峰信号的显示体现出来。为满足驼峰调车作业的需要，驼峰信号机使用红、绿、黄、月白四种颜色灯光，并利用闪光的特征，组成七种信号显示，便于驼峰调车司机按不同的信号显示进行作业，以提高驼峰调车作业的效率。

当驼峰信号显示一个月白色灯光时，指示机车到峰下进行调车作业。

预推作业应在驼峰辅助信号机显示“黄”时进行。

当到达场驼峰辅助信号机与驼峰信号机之间距离较长，驼峰信号机显示距离不满足要求时，可增设驼峰复示信号机。横列式编组站的驼峰调车场，牵出线上可设置驼峰复示信号机，用于复示驼峰信号机的显示。

条文所示插图为示意图。驼峰信号机及其复示信号机的信号机构及灯光配置可参见《铁路信号设计规范》(TB 10007)等相关标准的规定。某些特殊情况，现场实际的驼峰信号机及其复示信号机的灯光配置可能与所示插图有所不同。

第 428 条　驼峰色灯辅助信号机及其复示信号机显示一个黄色灯光——指示机车车辆向驼峰预先推送(驼峰色灯辅助信号机如第 79 图所示)；当办理驼峰推送进路后，其灯光显示均与驼峰色灯信号机显示相同。

驼峰色灯辅助信号机平时显示红色灯光，对列车起停车信号作用。

驼峰色灯辅助信号机的复示信号机平时无显示(如第 78 图所示)；当办理驼峰推送进路或驼峰预先推送进路后，其显示方式与驼峰色灯辅助信号机相同。

第 79 图

本条对驼峰色灯辅助信号机及其复示信号机的显示含义作了描述。

驼峰辅助信号机不仅复示驼峰信号机的显示，还起阻挡列车的作用。到达场的驼峰辅助信号机显示一个红色灯光时，可对到达列车起停车信号作用。有的驼峰辅助信号机还可兼作出站信号机或发车进路信号机，其外形和显示方式均与其他复示信号机有所不同，故称为驼峰辅助信号机。即当显示一个黄色灯光，指示机车车辆向驼峰预推时，就起到辅助驼峰信号机的作用。

因为驼峰辅助信号机还可能兼作出站信号机或发车进路信号机，当枢纽内采用四显示自动闭塞方式时，应采用满足四显示自动闭塞区段驼峰辅助信号机兼出站信号机作用的显示方式，即绿灯与黄灯隔灯位的显示方式。

驼峰辅助信号机的显示距离不能满足推峰作业要求时，可装设复示信号机。

条文所示插图为示意图。驼峰辅助信号机及其复示信号机的信号机构及灯光配置可参见《铁路信号设计规范》(TB 10007)等相关标准的规定。某些特殊情况，现场实际的驼峰辅助信号机及其复示信号机的机构及灯光配置可能与所示插图有所不同。

第429条　色灯复示信号机分下列几种：

1. 进站、接车进路、接发车进路信号机的色灯复示信号机采用灯列式机构，显示下列信号：

(1)两个月白色灯光与水平线构成60°角显示——表示主体信号机显示经道岔直向位置向正线接车的信号(如第80图所示)；

(2)两个月白色灯光水平位置显示——表示主体信号机显示经道岔侧向位置接车的信号(如第81图所示)；

(3)无显示——表示主体信号机在关闭状态(如第82图所示)。

2. 出站及发车进路信号机的色灯复示信号机显示下列信号：

(1)一个绿色灯光——表示主体信号机在开放状态(如第83图所示)；

(2)无显示——表示主体信号机在关闭状态。

3. 调车色灯复示信号机显示下列信号：

第 80 图

第 81 图

第 82 图

第 83 图

(1)一个月白色灯光——表示调车信号机在开放状态(如第 84 图所示);

(2)无显示——表示调车信号机在关闭状态。

进站、出站、进路、驼峰及调车色灯复示信号机均采用方形背板,以区别于一般信号机。

第 84 图

本条对进站信号机、进路信号机、出站信号机及调车信号机的色灯复示信号机的显示含义作了描述，规定了其区别一般信号机的方式。

当主体信号机的显示距离不能满足规定的要求时，设置复示信号机。

1. 第 1 款

接车进路信号机、接发车进路信号机及防护分歧道岔的线路所通过信号机，无论是机构外形、显示方式，还是表达的速度含义均类似于进站信号机，故其复示信号机亦采用灯列式机构，以避免与主体信号机的绿色灯光显示相混淆。

2. 第 2 款

出站信号机和发车进路信号机的复示信号机，主要是因站内线路曲线情况致使瞭望出站信号机较为困难，不能满足显示距离时而设置。

3. 第 3 款

调车复示信号机，主要是为解决车站岔线入口处调车信号机达不到规定显示距离而设置。

4. 需要说明的问题

本条文中所指的信号机“开放”，不包括其显示引导信号；相应地，信号机“关闭”包括其显示引导信号。

条文所示插图为示意图。各种复示信号机的信号机构及灯光配置可参见《铁路信号设计规范》(TB 10007)等相关标准的规定。某些特殊情况，现场实际的接车进路复示信号机、接发车进路复示信号机的机构及灯光配置可能与所示插图有所不同。

臂板信号机

第 430 条 进站臂板信号机显示下列信号：

1. 昼间红色主臂板及黄色通过臂板下斜 45°角，红色辅助臂板与机柱重叠；夜间两个绿色灯光——准许列车按规定速度经正线通过车站，表示出站信号机在开放状态，进路上的道岔均开通直向位置(如第 85 图所示)。

第 85 图

2. 昼间红色主臂板下斜 45°角，黄色通过臂板在水平位置，红色辅助臂板与机柱重叠；夜间一个绿色灯光和一个黄色灯光——准许列车经道岔直向位置，进入站内正线准备停车(如第 86 图所示)。

3. 昼间红色主臂板及辅助臂板下斜 45°角，黄色通过臂板在水平位置；夜间一个绿色灯光和两个黄色灯光——准许列车经道岔侧向位置，进入站内准备停车(如第 87 图所示)。

第 86 图

第 87 图

4. 昼间红色主臂板及黄色通过臂板均在水平位置,红色辅助臂板与机柱重叠;夜间一个红色灯光和一个黄色灯光——不准列车越过该信号机(如第 88 图所示)。

第 88 图

本条对进站臂板信号机的显示含义作了描述。

进站信号机为臂板信号机时，须装设通过臂板。由于臂板信号机无通过臂板，夜间列车进正线停车时显示一个绿色灯光，与色灯信号机的通过信号显示相同，易于造成司机误认信号。因此，凡是进站臂板信号机均设有主臂板、通过臂板、辅助臂板，三个臂板构成四种显示。

臂板信号机是利用臂板的位置、颜色、形状、数目、灯光等特征来实现各种显示要求的。每一臂板有两种显示，即水平(或垂直)和下斜 45°角。为了能区分列车进入进路的始端速度和终端速度，用红色方头臂板表示始端速度，用黄色鱼尾形臂板表示终端速度。另外，还利用了数目特征(即两个红色臂板)。

臂板信号机，昼间用臂板显示信号，夜间用灯光显示信号。由于构造关系，臂板信号机的夜间显示方式与色灯信号机的显示方式有所不同。

进站信号机的通过臂板起着出站信号机的预告作用。当接车进路、发车进路道岔均开通直向，出站信号机显示进行信号时，进站信号机昼间主臂板和通过臂板均下斜 45°角；夜间显示两个绿色灯光，准许列车按规定速度由正线通过。

进站信号机显示停车信号时，夜间为一个红色灯光和一个黄色灯光，主要区别于通过色灯信号机。如红色灯光熄灭仅有一个黄色灯光时，应按本规程第 364 条办理(进站、出站、进路及线路所通过信号机发生故障时，应置于关闭状态，进站信号机及线路所通过信号机发生不能关闭的故障时，应将灯光熄灭或遮住。在将灯光熄灭或遮住以及信号机灭灯时，于夜间应在信号机柱距钢轨顶面不低于 2 m 处，加挂信号灯，向区间方面显示红色灯光)。

第 431 条 出站臂板信号机显示下列信号：

1. 昼间红色臂板下斜 45°角，夜间一个绿色灯光——准许列车由车站出发(如第 89 图所示)；

第 89 图

2. 昼间红色臂板在水平位置，夜间一个红色灯光——不准列车越过该信号机(如第 90 图所示)；

3. 昼间红色主臂板及辅助臂板下斜 45°角，夜间一个绿色灯光和一个黄色灯光——准许列车由车站出发，开往次要线路(如第 91 图所示)。

第 90 图

第 91 图

本条对出站臂板信号机的显示含义作了描述。

出站臂板信号机不反映发车进路道岔侧向通过速度，仅表示是否准许列车由车站出发。

出站臂板信号机，指示两个运行方向时，用一个红色主臂板下斜 45°角(夜间为一个绿色灯光)指示列车向主要线路发车；用一个红色主臂板及一个辅助臂板下斜45°角(夜间为一个绿色灯光和一个黄色灯光)指示列车向次要线路发车。

在既有线路改建为自动闭塞信号设备时,原有车站的臂板信号机必须同时改为色灯信号机,但在过渡时期,为满足自动闭塞区段信号显示的要求,可装设总出站色灯信号机(机构使用黄、绿、红色灯光)。当总出站色灯信号机在关闭状态时,出站臂板信号机不能开放。

第432条 通过臂板信号机显示下列信号:

1. 昼间红色臂板下斜45°角,夜间一个绿色灯光——准许列车按规定速度运行(显示方式如第89图所示);

2. 昼间红色臂板在水平位置,夜间一个红色灯光——不准列车越过该信号机(显示方式如第90图所示);

有分歧线路的线路所通过臂板信号机,应按进站臂板信号机装设。

本条对通过臂板信号机的显示含义作了描述。

通过及防护臂板信号机,设于线路所及平面交叉地点。其显示方式一般与出站信号机相同。当区间有岔线时,通过臂板信号机的显示则有所区别,如图432-1所示。

图432-1　区间有岔线时通过臂板信号机的显示

当列车经由分歧道岔直向位置运行时,通过臂板信号机按进站臂板信号机显示，昼间为红色主臂板和通过黄色臂板均下斜 45°角，夜间为显示两个绿色灯光。当列车经由分歧道岔侧向位置运行时，昼间为红色主臂板及辅助臂板均下斜 45°角，夜间为显示一个绿色灯光和一个黄色灯光。

第 433 条 预告臂板信号机显示下列信号：

1. 昼间黄色臂板下斜 45°角，夜间一个绿色灯光——表示主体信号机在开放状态(如第 92 图所示)；

第 92 图

2. 昼间黄色臂板在水平位置，夜间一个黄色灯光——表示主体信号机在关闭状态(如第 93 图所示)。

第 93 图

本条对预告臂板信号机的显示含义作了描述。

预告臂板信号机仅表示主体信号机在开放或关闭状态。在夜间其显示方式与色灯预告信号机相同。昼间以黄色臂板水平位置或下斜 45°角预告主体信号机关闭或开放。

第 434 条 电动臂板复示信号机显示下列信号：

1. 昼间黄色臂板下斜 45°角，夜间一个绿色灯光——表示主体臂板信号机在开放状态(如第 94 图所示)；

2. 昼间黄色臂板与机柱重叠，夜间无灯光——表示主体臂板信号机在关闭状态(如第 95 图所示)。

第 94 图

第 95 图

本条对电动臂板复示信号机的显示含义作了描述。

机车信号机

第435条 机车信号机显示下列信号：

1. 三显示自动闭塞区段的连续式机车信号机

(1)一个绿色灯光——准许列车按规定速度运行，表示列车接近的地面信号机显示绿色灯光(如第96图所示)；

(2)一个半绿半黄色灯光——准许列车按规定速度注意运行，表示列车接近的地面信号机显示一个绿色灯光和一个黄色灯光(如第97图所示)；

第96图

第97图

(3)一个带"2"字的黄色闪光——要求列车注意运行，表示列车接近的地面信号机显示一个黄色灯光，并预告次一架地面信号机开放经18号及以上道岔侧向位置的进路，且列车运行前方第三架信号机开通直向进路或开放经18号及以上道岔侧向位置的进路(如第98图所示)；

(4)一个带"2"字的黄色灯光——要求列车注意运行，表示列车接近的地面信号机显示一个黄色灯光，并预告次一架地面信号机开放经道岔侧向位置的进路(但不满足上述第(3)项条件)(如第99图所示)；

(5)一个黄色灯光——要求列车注意运行，表示列车接近的地面信号机显示一个黄色灯光，并预告次一架地面信号机处于关闭状态（如第 100 图所示）；

第 98 图　　第 99 图

（6）一个双半黄色闪光——要求列车限速运行，表示列车接近的地面信号机开放经 18 号及以上道岔侧向位置的进路，且次一架信号机开通直向进路或开放经 18 号及以上道岔侧向位置的进路；或表示列车接近设有分歧道岔线路所的地面信号机开放经 18 号及以上道岔侧向位置的进路、显示一个黄色闪光和一个黄色灯光（如第 101 图所示）；

第 100 图　　第 101 图

（7）一个双半黄色灯光——要求列车限速运行，表示列车接近的地面信号机开放经道岔侧向位置的进路（但不满足上述第（6）项条件）、显示两个黄色灯光或其他相应显示（如第 102 图所示）；

（8）一个半黄半红色闪光——表示列车接近的进站、接车进路或

接发车进路信号机显示引导信号或通过信号机显示容许信号(如第103图所示);

(9)一个半黄半红色灯光——要求及时采取停车措施,表示列车接近的地面信号机显示红色灯光(如第104图所示);

(10)一个红色灯光——表示列车已越过地面上显示红色灯光的信号机(如第105图所示);

第102图

第103图

(11)一个白色灯光——不复示地面上的信号显示,机车乘务人员应按地面信号机的显示运行(如第106图所示)。

无显示时,表示机车信号机在停止工作状态。

2. 四显示自动闭塞区段连续式机车信号机

第 104 图

第 105 图　　第 106 图

(1)一个绿色灯光——准许列车按规定速度运行,表示列车接近的地面信号机显示绿色灯光(如第 107 图所示);

(2)一个半绿半黄色灯光——准许列车按规定速度注意运行,表示列车接近的地面信号机显示一个绿色灯光和一个黄色灯光(如第 108 图所示);

(3)一个带“2”字的黄色闪光——要求列车减速到规定的速度等级越过接近的显示一个黄色灯光的地面信号机,并预告次一架地面信号机开放经 18 号及以上道岔侧向位置的进路,且列车运行前方第三架信号机开通直向进路或开放经 18 号及以上道岔侧向位置的进路(如第 109 图所示);

(4)一个带“2”字的黄色灯光——要求列车减速到规定的速度等

级越过接近的显示一个黄色灯光的地面信号机，并预告次一架地面信号机开放经道岔侧向位置的进路(但不满足上述第(3)项条件)(如第 110 图所示)；

第 107 图　第 108 图

第 109 图　第 110 图

(5)一个黄色灯光——要求列车减速到规定的速度等级越过接近的显示一个黄色灯光的地面信号机，并预告次一架地面信号机处于关闭状态(如第 111 图所示)；

(6)一个双半黄色闪光——要求列车限速运行，表示列车接近的地面信号机开放经 18 号及以上道岔侧向位置的进路，且次一架信号机开通直向进路或开放经 18 号及以上道岔侧向位置的进路；或表示列车接近设有分歧道岔线路所的地面信号机开放经 18 号及以上道岔侧向位置的进路、显示一个黄色闪光和一个黄色灯光(如第 112 图所示)；

(7)一个双半黄色灯光——要求列车限速运行，表示列车接近的地面信号机开放经道岔侧向位置的进路(但不满足上述第(6)项条件)、显示两个黄色灯光或其他相应显示(如第 113 图所示)；

第 111 图　　　　第 112 图

第 113 图

(8)一个半黄半红色闪光——表示列车接近的进站、接车进路或接发车进路信号机显示引导信号或通过信号机显示容许信号(如第 114 图所示)；

(9)一个半黄半红色灯光——要求及时采取停车措施，表示列车接近的地面信号机显示红色灯光(如第 115 图所示)；

(10)一个红色灯光——表示列车已越过地面上显示红色灯光的信号机(如第 116 图所示)；

(11)一个白色灯光——不复示地面上的信号显示，机车乘务人员应按地面信号机的显示运行(如第 117 图所示)。

无显示时,表示机车信号机在停止工作状态。

第 114 图

第 115 图

第 116 图

第 117 图

3. 接近连续式机车信号机的显示方式与连续式机车信号机相同。

4. LKJ 屏幕显示器的机车信号显示应与机车信号机的显示含义相同。

本条对机车信号机的显示含义作了描述。

本规程第 101 条规定："最高运行速度不超过 160 km/h 的机车，机车信号设备与列车运行监控装置(LKJ)结合使用……"

本规程第 102 条规定："机车信号分为连续式和接近连续式。自动闭塞区段应装设连续式机车信号，半自动闭塞和自动站间闭塞区段应装设接近连续式机车信号……机车信号的显示，应与线路上列车接近的地面信号机的显示含义相符……"

本规程第 316 条规定："……装有连续式机车信号的列车，遇通过信号机灯光熄灭，而机车信号显示允许运行的信号时，应按机车信号的显示运行……"

本规程第 338 条规定："遇天气恶劣……改按天气恶劣难以辨认信号的办法行车。1. 列车按机车信号的显示运行。当接近地面信号机时，司机应确认地面信号，遇地面信号与机车信号显示不一致时，应立即采取减速或停车措施……"

连续式机车信号机采用八个灯位信号机构，可以有 11 种显示。

1. 第 1 款：三显示自动闭塞区段的连续式机车信号机

(1)第(1)项：一个绿色灯光指示列车按"规定速度"运行、列车接近的地面信号机显示绿色灯光，并反映列车接近的信号机所防护闭塞分区(或站内列车进路)的入口速度和出口速度均为"规定速度"。

在自动闭塞区间正方向运行时，表示列车运行前方至少有两个闭塞分区空闲。当列车位于进站信号机外方第二个闭塞分区(进站第一接近区段)时，表示进站信号机外方的闭塞分区(进站第二接近区段)空闲，且进站信号机已开放经直向进路的信号；当列车位于进站信号机外方闭塞分区(进站第二接近区段)时，表示列车可以经正线直向通过车站。

在自动闭塞区间反方向运行时，表示反向进站信号机显示"绿"，指示列车经正线反向通过车站。

在站内，表示列车可以经正线直向出站。在某些站场，出站信号机可能具有“双绿”显示（表示“开往半自动闭塞或自动站间闭塞区间”），此时，如发车进路经道岔直向位置进入区间，则该“双绿”显示亦符合该项内容。

(2)第(2)项：一个半绿半黄色灯光指示列车按“规定速度”注意运行、列车接近的地面信号机显示“绿黄”，并反映列车接近的信号机所防护进路的入口速度为“规定速度”、出口速度通常亦为“规定速度”（也可能是道岔侧向限速）。

表示列车进站越场接车或在站内运行，接车进路的道岔开通直向、进路信号机在开放状态；出站信号机（或至少有一架进路信号机）关闭或开通经由道岔侧向位置的发车进路。列车是否应在车站停车，取决于出站（进路）信号机的显示状态。

(3)第(3)项：一个带“2”字的黄色闪光指示列车注意运行、列车接近的地面信号机显示“黄”，次一架信号机显示“黄闪黄”或相应的其他显示；并反映列车接近的信号机所防护进路的入口速度为“规定速度”、出口速度通常为 80 km/h（或以上）。

在自动闭塞区间正方向运行时，当列车位于进站信号机外方第二个闭塞分区（进站第一接近区段）时，表示进站信号机外方的通过信号机显示黄灯、“次一架信号机”（进站信号机）显示“黄闪黄”。

在自动闭塞区间正方向运行时，当列车位于进站信号机外方闭塞分区（进站第二接近区段）时，除表示进站信号机显示黄灯外：如站内的运行径路上无进路信号机（“次一架信号机”为出站信号机），还表示经 18 号道岔侧向出站进入区间，此时出站信号机通常显示绿灯；如站内的运行径路上“次一架信号机”为进路信号机，则还表示经 18 号道岔侧向位置接（发）车并经“直向进路或 18 号道岔侧向位置”发车（不一定出站），此时“次一架信号机”既可能显示“黄闪黄”、也可能显示“绿”、“绿黄”或“黄”。

在自动闭塞区间反方向运行时，场景与上述“列车正向运行、位于进站信号机外方闭塞分区（进站第二接近区段）”情况类似。

在站内运行时，除表示列车接近的进路信号机显示“黄”外：如“次一架信号机”为出站信号机，还表示经 18 号道岔侧向出站进入区间，此时出站信号机通常显示绿灯；如“次一架信号机”仍为进路信号机，则还表示经 18 号道岔侧向位置接（发）车并经“直向进路或 18 号道岔侧向位置”发车

(不一定出站),此时“次一架信号机”既可能显示“黄闪黄”、也可能显示“绿”、“绿黄”或“黄”。

随着线路提速,车站逐步采用较大辙叉号(18 号及以上)的道岔。为提高列车经道岔侧向通过时的运行速度,机车信号以“黄 2 闪”指示(区别于“黄 2”或“黄”),要求列车注意运行。

(4)第(4)项:一个带“2”字的黄色灯光指示列车注意运行、列车接近的地面信号机显示“黄”,次一架信号机开放经道岔侧向位置的进路;并反映列车接近的信号机所防护进路的入口速度为“规定速度”、出口速度为 45 km/h 或更低;为区别于上述第(3)项“一个带‘2’字的黄色闪光”的情况,“次一架信号机”的显示是“双黄”或相应的其他显示。

在自动闭塞区间正方向运行时,当列车位于进站信号机外方第二个闭塞分区(进站第一接近区段)时,表示进站信号机外方的通过信号机显示黄灯、“次一架信号机”(进站信号机)显示“双黄”。

在自动闭塞区间正方向运行时,当列车位于进站信号机外方闭塞分区(进站第二接近区段)时,除表示进站信号机显示黄灯外:如站内的运行径路上无进路信号机(“次一架信号机”为出站信号机),还表示经 18 号以下道岔侧向出站进入区间,此时出站信号机通常显示“绿”或“黄”,也可能显示“双绿”;如站内的运行径路上“次一架信号机”为进路信号机,则还表示经 18 号以下道岔侧向位置接(发)车(不一定出站),此时“次一架信号机”既可能显示“双黄”、也可能显示“绿”、“绿黄”或“黄”。

在自动闭塞区间反方向运行时,场景与上述“列车正向运行、位于进站信号机外方闭塞分区(进站第二接近区段)”情况类似。

在站内运行时,除表示列车接近的进路信号机显示“黄”外:如“次一架信号机”为出站信号机,还表示经 18 号以下道岔侧向出站进入区间,此时出站信号机通常显示“绿”或“黄”,也可能显示“双绿”;如“次一架信号机”仍为进路信号机,则还表示经 18 号以下道岔侧向位置接(发)车(不一定出站),此时“次一架信号机”既可能显示“双黄”、也可能显示“绿”、“绿黄”或“黄”。

(5)第(5)项:一个黄色灯光指示列车注意运行、列车接近的地面信号机显示“黄”、次一架信号机关闭;并反映列车接近的信号机所防护进路的入口速度为“规定速度”、出口速度为 0(或 20 km/h)。

区别于上述第(3)项“一个带‘2’字的黄色闪光”、第4(项)“一个带‘2’字的黄色灯光”的情况,明确了“次一架信号机”未开放。

(6)第(6)项:一个双半黄色闪光指示列车限速运行、列车接近的地面信号机显示“黄闪黄”或相应的其他显示;并反映列车接近的信号机所防护进路的入口速度通常为80 km/h(或以上),不反映出口速度。

列车运行前方为接车信号机(进站、接车进路、接发车进路或防护区间分歧道岔的线路所通过信号机)时,该地面信号机显示“黄闪黄”。列车运行前方不是接车信号机时,该地面信号机既可能显示“绿”、“绿黄”或“黄”,也可能显示“双绿”,但其指示的进路开放属性与“黄闪黄”的含义类似(即“开放经18号及以上道岔侧向位置的进路,且次一架信号机开通直向进路或开放经18号及以上道岔侧向位置的进路”)。

(7)第(7)项:一个双半黄色灯光指示列车限速运行、列车接近的地面信号机开放经道岔侧向位置的进路;并反映列车接近的信号机所防护进路的入口速度为45 km/h(或更低),不反映出口速度;为区别于上述第(6)项“一个双半黄色闪光”的情况,该信号机的显示是“双黄”或相应的其他显示。

列车运行前方为接车信号机(进站、接车进路、接发车进路或防护区间分歧道岔的线路所通过信号机)时,该地面信号机显示“双黄”。列车运行前方不是接车信号机时,该地面信号机既可能显示“绿”、“绿黄”或“黄”,也可能显示“双绿”,但其指示的进路开放属性与“双黄”的含义类似(即“经道岔侧向位置但不符合‘黄闪黄’指示的条件”)。

(8)第(8)项:一个半黄半红色闪光指示列车及时减速、列车接近的地面信号机显示引导信号或容许信号;并反映列车接近的信号机所防护进路的入口速度为20 km/h(或更低),不反映出口速度。

进站信号机、接车进路信号机、接发车进路信号机显示引导信号或通过信号机显示容许信号时,机车信号以“半黄半红闪”指示列车以不超过20 km/h速度运行。

(9)第(9)项:一个半黄半红色灯光指示列车及时减速、列车接近的地面信号机显示红灯。

(10)第(10)项:一个红色灯光指示列车已越过禁止信号。列车冒进禁止信号时,机车信号机以“红”灯指示列车需采取制动措施。如司机未按要求及时制动，车载设备将直接输出制动命令。

(11)第(11)项：一个白色灯光表示列车所在区段的地面信号设备未提供机车信号信息码或提供的是无效码，此时不复示地面信号显示。

(12)机车信号机无显示时，通常是因为设备关机或发生故障。在调车作业时，机车信号机通常处于关机状态，表示设备停用。

2. 第2款：四显示自动闭塞区段的连续式机车信号机

(1)第(1)项：一个绿色灯光指示列车按“规定速度”运行、列车接近的地面信号机显示绿色灯光，并反映列车接近的信号机所防护闭塞分区(或站内列车进路)的入口速度和出口速度均为“规定速度”。

在自动闭塞区间正方向运行时，表示列车运行前方至少有三个闭塞分区空闲。当列车位于进站信号机外方第二个闭塞分区(进站第二接近区段)时，表示进站信号机外方的闭塞分区(进站第三接近区段)空闲，且进站信号机已开放“绿”或“绿黄”；当列车位于进站信号机外方闭塞分区(进站第三接近区段)时，表示进站信号机已开放“绿”。

在站内，表示列车至少可以越过连续三个经直向进路开放的信号机接(发)车，但与出站信号机是否开放或开放的进路“直弯”没有必然联系，这与三显示自动闭塞区段有所不同。在某些站场，出站信号机可能具有“双绿”显示(表示“开往半自动闭塞或自动站间闭塞区间”)，此时，如发车进路经道岔直向位置进入区间，则该“双绿”显示亦符合该项内容。

综上，对于三显示、四显示自动闭塞区段机车信号机的“一个绿色灯光”，虽然第1款、第2款的该项正文相同，但因其各自反映的地面信号机“绿”灯的显示含义不同，故其指示的运行条件也有所不同。

(2)第(2)项：一个半绿半黄色灯光指示列车按“规定速度”注意运行、列车接近的地面信号机显示“绿黄”，并反映列车接近的信号机所防护进路的入口速度为“规定速度”、出口速度为“黄灯限速”。

在自动闭塞区间正方向运行时，表示列车运行前方有两个闭塞分区空闲。当列车位于进站信号机外方第二个闭塞分区(进站第二接近区段)时，表示进站信号机外方的闭塞分区(进站第三接近区段)空闲，且进站信号机已开放“黄”；当列车位于进站信号机外方闭塞分区(进站第三接近区段)时，表示进站信号机已开放“绿黄”。

在站内，表示列车可以越过连续两个经直向进路开放的信号机接

(发)车，但与出站信号机是否开放或开放的进路“直弯”没有必然联系，这与三显示自动闭塞区段有所不同。

综上，对于三显示、四显示自动闭塞区段机车信号机的“一个半绿半黄色灯光”，虽然第1款、第2款的该项正文相同，但因其各自反映的地面信号机“绿黄”灯的显示含义不同，故其指示的运行条件也有所不同。

(3)第(3)项：一个带“2”字的黄色闪光指示列车减速运行、列车接近的地面信号机显示“黄”，次一架信号机显示“黄闪黄”或相应的其他显示；并反映列车接近的信号机所防护进路的入口速度为“黄灯限速”、出口速度通常为80 km/h(或以上)。

(4)第(4)项：一个带“2”字的黄色灯光指示列车减速运行、列车接近的地面信号机显示“黄”，次一架信号机开放经道岔侧向位置的进路；并反映列车接近的信号机所防护进路的入口速度为“黄灯限速”、出口速度为45 km/h或更低；为区别于上述第(3)项“一个带‘2’字的黄色闪光”的情况，“次一架信号机”的显示是“双黄”或相应的其他显示。

(5)第(5)项：一个黄色灯光指示列车减速运行、列车接近的地面信号机显示“黄”、次一架信号机关闭；并反映列车接近的信号机所防护进路的入口速度为“黄灯限速”、出口速度为0(或20 km/h)。

区别于上述第(3)项“一个带‘2’字的黄色闪光”、第(4)项“一个带‘2’字的黄色灯光”的情况，明确了“次一架信号机”未开放。

(6)第(6)项“双半黄闪”、第(7)项“双半黄”与非四显示自动闭塞区段的情况相同，但具有速度含义；第(8)项“半黄半红闪”、第(9)项“半黄半红”、第(10)项“红”、第(11)项“白”以及“无显示”与非四显示自动闭塞区段的情况相同。

四显示自动闭塞区段连续式机车信号机与三显示自动闭塞区段相同，但其提供的信息量更大，并且包含了后者的全部内容，今后将会逐步取代之。

3. 第3款

目前，全路机车信号的低频信息及机车信号设备类型均已统一，故接近连续式机车信号机收到地面发送的机车信号信息码后，其显示方式与连续式机车信号机相同。

4. 第4款

LKJ 设备的机车信号信息输入来源于机车信号设备，故其人机界面单元（屏幕显示器）的机车信号显示与机车信号机的显示含义相同。

5. 需要说明的问题

上述说明中的举例针对的是较为典型的场景，未列举实践中的所有情况。

本条文中的“直向进路”是指进路中不包含道岔或虽包含道岔但均开通直向位置。为简化描述，“直向进路”也可指代闭塞分区。

本规程第 345 条规定：“当未装备列车运行监控装置的动车组列车在 CTCS-0/1 级区段按机车信号模式运行时，列车按地面信号机显示行车，最高运行速度不超过 80 km/h……”

由本规程第 409 条的条文说明，机车信号机以“绿”或“半绿半黄”指示列车按“规定速度”运行时，是指由不同条件或场景给出的最高限速值中的最低值。

本条文中的“地面信号机”主要指进站信号机、出站信号机、进路信号机、接近信号机、驼峰辅助兼出站（或发车进路）信号机、对列车起阻挡作用的调车信号机、专用线入口处的调车信号机等，以及区间线路所（辅助所）的通过信号机和自动闭塞区段一般的通过信号机；在某些线路，可能还包括遮断信号机。

本条文中所指的信号机“开放”，不包括其显示引导信号；相应地，信号机“关闭”包括其显示引导信号。

条文所示插图（包括图中体现的地面信号机的机构及灯光配置等）为示意图。

第十七章　移动信号及手信号

移动信号

第436条　移动信号显示方式如下：

1. 停车信号

昼间——表面有反光材料的红色方牌；夜间——柱上红色灯光（如第118图所示）。

第118图

2. 减速信号

(1)表面有反光材料的黄底黑字圆牌，标明列车限制速度（如第119图所示）。

(2)施工及其限速区段，在减速信号牌外方增设的特殊减速信号牌为表面有反光材料的黄底黑"T"字圆牌（如第120图所示）。

3. 减速防护地段终端信号

表面有反光材料的绿色圆牌（如第121图所示）。在单线区段，司机应看线路右侧减速信号牌背面的绿色圆牌。

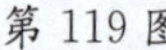
第 119 图

第 120 图

在有 1 万 t 或 2 万 t(含 1.5 万 t)货物列车运行的线路增设的 1 万 t、2 万 t(含 1.5 万 t)减速防护地段终端信号牌为表面有反光材料的绿底黑“W”字(1 万 t)或黑“L”字(1.5 万 t 和 2 万 t)圆牌(如第 122 图所示)。

第 121 图

第 122 图

本条对停车信号、减速信号、减速防护地段终端信号等移动信号的显示方式作出了规定。

移动信号用于线路故障、站内或区间施工时，临时性禁止列车驶入或要求慢行的地段，采用可以随时设置或撤除的移动式信号牌。移动信号表面反光材料应符合国家标准《道路交通反光膜》(GB/T 18833)的规定。

1. 第 1 款:停车信号

主要设置在故障或线路施工地点前后，以阻止列车驶入防护地点。具体设置方法见本规程第 392 条、第 393 条、第 394 条、第 405 条。

2. 第 2 款:减速信号

用于线路故障排除后或施工中以及施工前、施工后，线路状态低于正常运行速度要求的临时性慢行地段。在距施工地点 800 m 处设移动减速信号牌;在运行速度高于 120 km/h 但不超过 200 km/h 的线路上，根据不同速度等级列车的紧急制动距离，在原减速信号牌外方增设特殊减速信号牌。

移动减速信号牌上应标明限制列车运行的速度值(每小时运行公里数)，以便司机按规定速度通过慢行地段;特殊减速信号牌上标注字母

"T"字样。

(1)最高运行速度大于 120 km/h 的旅客列车(动车组列车除外)、行邮列车及最高运行速度为 120 km/h 的货物列车、行包列车,其紧急制动距离大于移动减速信号的防护距离,为确保运输安全,施工及其限速地段需根据本线运行所有列车的最长制动距离,设置黄底黑"T"字圆牌,意为特殊减速信号牌。具体设置方法见本规程第 395 条、第 396 条。

动车组列车也使用带 T 字的移动减速信号牌进行防护,防护距离为 1 400 m。

(2)为防止主动光源失效或亮度不足等原因导致的信号不明,施工或作业人员在夜间使用停车信号时应更换为灯光信号,不得使用反光材料的停车信号牌代替灯光信号。

3. 第 3 款:减速防护地段终端信号

表示长度不超过 800 m(防护地段末端至减速防护地段终端信号牌)的列车已驶出慢行地段,可以恢复正常速度运行。减速防护地段终端信号与减速信号可设于同一个信号圆牌,一面为黄色、另一面为绿色,以适应对不同方向列车的要求。该信号的设置位置,在双线区间为减速地点标的同侧,在单线区间为列车前进方向的右侧。具体设置方法见本规程第 395 条、第 396 条。

根据太原铁路局、呼和浩特铁路局的重载线路运营经验,1 万 t 和 2 万 t(含 1.5 万 t)组合货物列车较长,为提高运输效率,在减速信号终止端外方增设"W"字圆牌和"L"字圆牌。

第 437 条 在站内线路上检查、修理、整备车辆或进行装卸作业时,应在两端来车方向的左侧钢轨设置带有脱轨器的固定或移动信号牌(灯)进行防护,前后两端的防护距离均应不小于 20 m(如第 123 图所示);不足 20 m 时,应将道岔锁闭在不能通往该线的位置。

旅客列车在到发线上进行车辆技术作业时,用红色信号旗(灯)进行防护,可不设脱轨器。红色信号旗(灯)的设置:

1. 机车摘挂相关作业时,在机次一位客车非站台侧设置。

2. 技术检查作业时,在机次一位客车前端非站台侧和尾部客车后端站台侧设置。车辆乘务员单班单人值乘列车,在无客列检车站进行站折技术检查作业时，仅在来车端一位客车前端站台侧设置。

3. 处理车辆故障时，在故障车辆站台侧设置。

第123图

本条针对站内作业等情况进行防护的移动信号作出了规定。

为保证在站内线路上检查、修理、整备车辆或进行装卸作业时，检修人员以及相关作业人员的人身安全，在列车或车辆两端来车方向的左侧钢轨上设置带有脱轨器的固定或移动信号牌(夜间为信号灯)进行防护。脱轨器应安放牢固、作用良好，固定信号或移动信号应经常保持醒目状态。

为防止机车车辆轧上脱轨器后与检修车辆相撞，规定脱轨器安放地点距检修车辆不少于20 m。如不足20 m时，列检值班员应通知列车调度员(车站值班员)，将道岔锁闭在不能通往该线的位置上，以保证作业人员安全。

旅客列车由于摘挂机车、停站和技检时间较短，在到发线作业时只用红色信号旗(灯)防护，可以不设脱轨器。

响墩及火炬信号

第438条 响墩爆炸声及火炬信号的火光(如第124图、第125图所示)，均要求紧急停车。停车后如无防护人员，机车乘务人员应立即检查前方线路，如无异状，列车以在瞭望距离内能随时停车的速度继续运行，但最高不得超过20 km/h。在自动闭塞区间，运行至前

方第一架通过(进站)信号机前，如无异状，即可按该信号机显示的要求执行；在半自动或自动站间闭塞区间，经过 1 km 后，如无异状，可恢复正常速度运行。

第 124 图

第 125 图

本条对响墩及火炬信号的使用和显示含义作出了规定。

本规程第 340 条规定："……车辆乘务员应配备列车无线调度通信设备及响墩、火炬、短路铜线、信号旗(灯)等防护用品……"

本规程第 341 条规定："……随车机械师应配备 GSM-R 手持终端和无线对讲设备及响墩、火炬、短路铜线、信号旗(灯)等防护用品……"

本规程第 367 条规定："列车被迫停车可能妨碍邻线时，司机应立即用列车无线调度通信设备通知邻线上运行的列车和两端站(列车调度员)，并与车辆乘务员(随车机械师)分别在列车的头部和尾部附近邻线上点燃火炬……"

本规程第 368 条规定："列车在区间被迫停车后，根据下列规定放置响墩防护：……防护人员设置的响墩待停车原因消除后可不撤除(运行动车组列车的区段除外)。"

本规程第 374 条规定："……救援列车进入封锁区间后……在防护人员处或压上响墩后停车，联系确认，并按要求进行作业。"

响墩及火炬信号是临时使用的紧急信号。当司机听到响墩的爆炸声或发现火炬信号的火光时，应立即采取停车措施。有关行车人员以及机车、动车、轨道车在出乘时应携带此类备品。当列车在区间内发生事故，以及其他原因被迫停车时，均应立即或按本规程的要求放置响墩及火炬信号进行防护。使用响墩信号时应按规定摆放,火炬信号应放在道心处。火炬信号应昼夜通用。

列车遇响墩爆炸和火炬信号的灯光停车后,如有防护人员,司机应及时与其联系,了解情况并采取相应措施。如按本规程第368条"防护人员设置的响墩待停车原因消除后可不撤除(运行动车组列车的区段除外)"的规定等情况,司机停车后未找到防护人员时,应迅速检查线路及周围情况,如天气情况正常、线路无异状且无被迫停车列车时,允许列车以在瞭望距离内能随时停车的速度继续运行,但最高不超过20 km/h。在自动闭塞区间,列车运行到第一架通过信号机(或进站信号机)时,即按该信号机的显示要求执行。在非自动闭塞区间,慢行1 km后,如无异状准许恢复正常速度运行。

无线调车灯显信号

第439条 使用无线调车灯显制式(如第126图所示)的信号显示方式如下:

第126图

1. 一个红灯——停车信号。
2. 一个绿灯——推进信号。
3. 绿灯闪数次后熄灭——起动信号。
4. 绿、红灯交替后绿灯长亮——连结信号。

5. 绿、黄灯交替后绿灯长亮——溜放信号。

6. 黄灯闪后绿灯长亮——减速信号。

7. 黄灯长亮——十、五、三车距离信号。

(1)十车距离信号(加辅助语音提示);

(2)五车距离信号(加辅助语音提示);

(3)三车距离信号(加辅助语音提示)。

8. 两个红灯——紧急停车信号。

9. 先两个红灯后熄灭一个红灯——解锁信号。

本条对无线调车灯显设备的显示含义作了描述。

本规程第154条规定:“车站根据业务性质、运量大小及技术作业的需要,设置下列主要设备:……14. 无线调车灯显设备、无线调车机车信号和监控系统(STP)……”

本规程第282条规定:“使用机车进行调车作业时,应采用无线调车灯显设备(机车摘挂、转线等不进行车辆摘挂的作业,列车在到达线路内拉道口、直接后部摘车除外),并使用规定频率,其显示方式须符合有关要求。无线调车灯显设备应与列车运行监控装置配合使用。无线调车灯显设备正常使用时停用手信号,对灯显以外的作业指令采用通话方式;无线调车灯显设备发生故障时,改用手信号作业。无线调车灯显设备、无线调车机车信号和监控系统的使用、维修及管理办法由铁路局规定。”

本规程第290条规定:“调车作业必须做好下列准备:……4. 无线调车灯显设备试验良好。”

无线调车灯显是专为调车机车配备的显示设备,用于接收并显示调车人员发出的调车指令,机车乘务员按照无线调车灯显的信号显示进行作业。

手 信 号

第440条 列车运行时,有关人员应遵守下列手信号的显示:

1. 停车信号:要求列车停车。

昼间——展开的红色信号旗；夜间——红色灯光(如第 127 图所示)。

第 127 图

昼间无红色信号旗时，两臂高举头上向两侧急剧摇动；夜间无红色灯光时，用白色灯光上下急剧摇动(如第 128 图所示)。

第 128 图

2. 减速信号:要求列车降低到要求的速度。

昼间——展开的黄色信号旗;夜间——黄色灯光(如第 129 图所示)。

第 129 图

昼间无黄色信号旗时,用绿色信号旗下压数次;夜间无黄色灯光时,用白色或绿色灯光下压数次(如第 130 图所示)。

第 130 图

3. 发车信号:要求司机发车。

昼间——展开的绿色信号旗上弧线向列车方面作圆形转动；夜间——绿色灯光上弧线向列车方面作圆形转动(如第 131 图所示)。

在设有发车表示器的车站，按发车表示器显示发车。

第 131 图

4. 通过手信号：准许列车由车站(场)通过。

昼间——展开的绿色信号旗；夜间——绿色灯光(如第 132 图所示)。

第 132 图

5. 引导手信号：准许列车进入车场或车站。

昼间——展开的黄色信号旗高举头上左右摇动；夜间——黄色灯光高举头上左右摇动(如第133图所示)。

第133图

6. 特定引导手信号显示方式：昼间为展开绿色信号旗高举头上左右摇动，夜间为绿色灯光高举头上左右摇动(如第134图所示)。

第134图

本条对列车运行中手信号的使用和显示含义作出了规定。

手信号是铁路运输工作中广泛采用的一种视觉信号。根据行车工作的要求,可以机动地指挥列车运行和调车作业,也可作为联系和传达行车有关事项的旗(灯)语。

显示手信号时必须严肃认真,应做到横平、竖直、灯正、圈圆。

本规程第 357 条规定:"……上述列车均应在进站信号机外停车,由接车人员向司机通知事由后,以调车手信号旗(灯)将列车领入站内。"

本规程第 358 条规定:"……当超长列车尾部停在警冲标外方……必须派人以停车手信号对列车进行防护。"

本规程第 359 条规定:"……由引导人员接车时,应在引导员接车地点标处(……),显示引导手信号接车……"

本规程第 360 条规定:"接发列车时,接发车人员应携带列车无线调度通信设备、持手信号旗(灯),站在规定地点接送列车……"

本规程第 365 条规定:"出站信号机发生故障时,除按规定交递行车凭证外,对通过列车应预告司机,并显示通过手信号……"

本规程第 381 条规定:"遇有施工又必须接发列车的特殊情况时,可按以下施工特定行车办法办理:……2. 引导接车并正线通过时,准许列车司机凭特定引导手信号的显示,以不超过 60 km/h 速度进站。3. 准许车站不向司机递交书面行车凭证和调度命令。但车站仍按规定办理行车手续……得到司机复诵正确后,方可显示通过手信号。列车凭通过手信号通过车站……"

本规程第 383 条规定:"路用列车应由施工单位指派胜任人员携带列车无线调度通信设备值乘,并在区间协助司机作业。路用列车或施工机械进入施工地段时,应在施工防护人员显示的停车手信号前停车,根据施工负责人的要求,按调车办法,进入指定地点。"

本规程第 388 条规定:"在区间线路、站内线路、站内道岔上维修时,现场防护人员应站在维修地点附近、且瞭望条件较好的地点进行防护,在天窗内作业时,显示停车手信号……"

本规程第 392 条规定:"在区间线路上施工时,使用移动停车信号的防护办法如下:……现场防护人员应站在距施工地点 800 m 附近,且瞭望条件较好的地点显示停车手信号……"

本规程第 401 条规定:“利用列车间隔在区间使用轻型车辆及小车时,应在车站登记,并设置驻站联络员,按下列规定防护:1. 轻型车辆运行中,须显示停车手信号,并注意瞭望。2. 在线路上人力推行小车时,应派防护人员在小车前后方向,按线路最大速度等级的列车紧急制动距离位置显示停车手信号,随车移动,如瞭望条件不良,应增设中间防护人员。3. 在双线地段遇有邻线来车时,应暂时收回停车手信号,待列车过后再行显示。4. 轻型车辆遇特殊情况不能在承认的时间内撤出线路,或小车不能立即撤出线路时,在轻型车辆或小车前后方向按线路最大速度等级规定的列车紧急制动距离位置以停车手信号防护……”

本规程第 404 条规定:“沿线工务人员发现线路设备故障危及行车安全时,应立即连续发出停车信号和以停车手信号防护……”

本规程第 405 条规定:“线路发生故障时的防护办法如下:1. 应立即使用列车无线调度通信设备通知车站值班员或列车司机紧急停车,同时在故障地点设置停车信号。2. 当确知一端先来车时,应急速奔向列车,用手信号旗(灯)或徒手显示停车信号。3. 如不知来车方向,应在故障地点注意倾听和瞭望,发现来车,应急速奔向列车,用手信号旗(灯)或徒手显示停车信号。设有固定信号机时,应先使其显示停车信号。站内线路、道岔发生故障时,应按规定设置停车信号防护。”

手信号显示的停车信号、减速信号、通过信号、引导信号与固定信号机显示的相应信号具有同等作用,行车有关人员必须认真按其显示执行。

1. 第 1 款:停车信号

显示停车手信号时,列车应在其前方停车,不得越过。有关人员遇紧急情况必须使列车停车时,应显示停车手信号。司机确认停车信号后,须立即停车。

2. 第 2 款:减速信号

要求列车临时限速。司机确认减速手信号后,须控制列车降至要求的速度。

3. 第 3 款:发车信号

在要求司机发车或车站发车人员直接发车时使用。车站发车人员显示发车信号时,应作圆形转动的上弧线,向着本列车显示,以防止邻线列车司机误认。并须待司机已确认并鸣笛后方可收回。

4. 第 4 款:通过手信号

指示列车在车站(场)不停车通过。例如出站信号机故障时,车站人员在办理不停车通过的列车时,除按规定递交行车凭证外,应向其显示通过手信号。

5. 第 5 款:引导手信号

用于在进站信号机(或接车进路信号机、接发车进路信号机)故障时引导列车进站(或进入接车进路)。

6. 第 6 款:特定引导手信号

是在车站采用“施工特定行车”办法引导接车并正线通过时引导接车的信号。车站固定正线进路并将进路上所有的道岔按规定加锁(集中联锁良好的道岔可在控制台上进行锁闭),车站可不再向司机递交书面行车凭证,列车凭通过手信号通过车站。与引导手信号的区别是使用绿色手信号旗(信号灯)显示,列车通过车站的速度提高。

7. 需要说明的问题

显示通过手信号、引导手信号、特定引导手信号时,列车头部越过显示地点后即可收回。

第 441 条 调车手信号的显示方式如下:

1. 停车信号

显示方式如第 440 条第 1 款第 127 图所示。

2. 减速信号

昼间——展开的绿色信号旗下压数次;夜间——绿色灯光下压数次(显示方式如第 130 图所示)。

3. 指挥机车向显示人方向来的信号

昼间——展开的绿色信号旗在下部左右摇动;夜间——绿色灯光在下部左右摇动(如第 135 图所示)。

4. 指挥机车向显示人方向稍行移动的信号

昼间——拢起的红色信号旗直立平举,再用展开的绿色信号旗左右小动;夜间——绿色灯光下压数次后,再左右小动(如第 136 图所示)。

第 135 图

第 136 图

5. 指挥机车向显示人反方向去的信号

昼间——展开的绿色信号旗上下摇动；夜间——绿色灯光上下摇动（如第 137 图所示）。

6. 指挥机车向显示人反方向稍行移动的信号

昼间——拢起的红色信号旗直立平举，再用展开的绿色信号旗上下小动；夜间——绿色灯光上下小动(如第 138 图所示)。

第 137 图

第 138 图

对显示本条第 2、3、4、5、6 款中转信号时，昼间可用单臂，夜间可用白色灯光依式中转。

本条对调车手信号的使用和显示含义作出了规定。

本规程第282条规定:"……无线调车灯显设备发生故障时,改用手信号作业……"

本规程第357条规定:"……上述列车均应在进站信号机外停车,由接车人员向司机通知事由后,以调车手信号旗(灯)将列车领入站内。"

本规程第358条规定:"……如列车尾部停在警冲标外方或压轨道绝缘时,车站接车人员应使用列车无线调度通信设备等通知司机或显示向前移动的手信号,使列车向前移动……"

本规程第383条规定:"路用列车应由施工单位指派胜任人员携带列车无线调度通信设备值乘,并在区间协助司机作业。路用列车或施工机械进入施工地段时,应在施工防护人员显示的停车手信号前停车,根据施工负责人的要求,按调车办法,进入指定地点。"

调车手信号仅在调车工作中指挥调车作业时使用。调车指挥人员通过调车手信号的不同显示,指挥调车机车的运行方向、起动、停车及加速、减速等。为保证调车作业的安全,调车指挥人应正确及时地显示信号,司机亦应正确及时地执行手信号的要求,做到密切配合、协同动作。

调车减速信号规定为绿色信号旗(绿色灯光)下压数次,是因为调车指挥人不配备黄色手信号,只持有红绿两色手信号。另外调车车列的运行速度变化频繁,需要随时调整,这样规定更便于指挥作业。

根据调车作业单一指挥的原则,调车机车凭调车指挥人的信号运行,因此规定中转信号人员昼间用单臂、夜间用白色灯光显示和中转信号。

在昼间遇降雾、暴风雨雪及其他情况,导致调车手信号显示距离不足200 m时,应使用夜间信号。

第442条 联系用的手信号的显示方式如下:

1. 道岔开通信号:表示进路道岔准备妥当。

昼间——拢起的黄色信号旗高举头上左右摇动;夜间——白色灯光高举头上(如第139图所示)。

机车出入段进路道岔准备妥当后,显示如下道岔开通信号:

昼间——展开的黄色信号旗高举头上左右摇动;夜间——黄色灯光高举头上左右摇动(如第140图所示)。

第 139 图

第 140 图

2. 股道号码信号：要道或回示股道开通号码。

一道：昼间——两臂左右平伸；夜间——白色灯光左右摇动(如第 141 图所示)。

第 141 图

二道:昼间——右臂向上直伸,左臂下垂;夜间——白色灯光左右摇动后,从左下方向右上方高举(如第 142 图所示)。

第 142 图

三道:昼间——两臂向上直伸;夜间——白色灯光上下摇动(如第 143 图所示)。

第 143 图

四道:昼间——右臂向右上方,左臂向左下方各斜伸 45°角;夜间——白色灯光高举头上左右小动(如第 144 图所示)。

第 144 图

五道:昼间——两臂交叉于头上;夜间——白色灯光作圆形转动(如第 145 图所示)。

第 145 图

六道:昼间——左臂向左下方,右臂向右下方各斜伸 45°角;夜间——白色灯光作圆形转动后,再左右摇动(如第 146 图所示)。

七道:昼间——右臂向上直伸,左臂向左平伸;夜间——白色灯光作圆形转动后,左右摇动,然后再从左下方向右上方高举(如第

147 图所示)。

第 146 图

第 147 图

八道:昼间——右臂向右平伸,左臂下垂;夜间——白色灯光作圆形转动后,再上下摇动(如第 148 图所示)。

九道:昼间——右臂向右平伸,左臂向右下斜 45°角;夜间——白色灯光作圆形转动后,再高举头上左右小动(如第 149 图所示)。

第 148 图

第 149 图

十道:昼间——左臂向左上方,右臂向右上方各斜伸 45°角;夜间——白色灯光左右摇动后,再上下摇动作成十字形(如第 150 图所示)。

十一至十九道,须先显示十道股道号码,再显示所要股道号码的个位数信号。

二十道及其以上的股道号码,各站根据需要自行规定,并纳入

《站细》。

第 150 图

3. 连结信号：表示连挂作业。

昼间——两臂高举头上，使拢起的手信号旗杆成水平末端相接；夜间——红、绿色灯光（无绿色灯光的人员，用白色灯光）交互显示数次（如第 151 图所示）。

第 151 图

4. 溜放信号：表示溜放作业。

昼间——拢起的手信号旗两臂高举头上交叉后，急向左右摇动数次；夜间——红色灯光作圆形转动（如第 152 图所示）。

第 152 图

5. 停留车位置信号：表示车辆停留地点。

夜间——白色灯光左右小摇动（如第 153 图所示）。

第 153 图

6. 十、五、三车距离信号：表示推进车辆的前端距被连挂车辆的距离。

昼间——展开的绿色信号旗单臂平伸；夜间——绿色灯光，在距离停留车十车(约 110 m)时连续下压三次,五车(约 55 m)时连续下压两次,三车(约 33 m)时下压一次(如第 154 图所示)。

第 154 图

7. 取消信号:通知将前发信号取消。

昼间——拢起的手信号旗,两臂于前下方交叉后,急向左右摇动数次;夜间——红色灯光作圆形转动后,上下摇动(如第 155 图所示)。

第 155 图

8. 要求再度显示信号:前发信号不明,要求重新显示。

昼间——拢起的手信号旗右臂向右方上下摇动;夜间——红色灯光上下摇动(如第 156 图所示)。

第 156 图

9. 告知显示错误的信号:告知对方信号显示错误。

昼间——拢起的手信号旗两臂左右平伸同时上下摇动数次;夜间——红色灯光左右摇动(如第 157 图所示)。

第 157 图

本条对联系用的手信号的使用和显示含义作出了规定。

为解决办理列车运行和调车工作中,行车有关人员不能用口头或通信设备彼此联系的问题,规定了联系用的手信号。

1. 第1款:道岔开通信号

是当调车机车作业及机车出入段时所经过的进路上,扳道员已将有关道岔准备妥当并已确认进路正确后,向有关行车人员显示的联系信号。为区别一般调车作业与机车出入段的不同性质,所以规定了不同的信号显示方式。

2. 其他各款联系用手信号(如股道号码信号,连结信号,溜放信号,停留车位置信号,十、五、三车距离信号,取消信号,要求再度显示信号,告知显示错误的信号等)均系调车作业中调车组内部彼此联系用的手信号,显示意义明确,与其他手信号不易混淆。

第443条　在显示手信号时,凡昼间持有手信号旗的人员,应将信号旗拢起,左手持红旗,右手持绿旗(扳道员右手持黄旗),不持信号旗的人员徒手按各该条规定方式显示信号。

本条对手信号的使用方式作出了统一规定。

为统一联系用手信号的显示,凡昼间持有信号旗的人员,应将手信号旗拢起,左手持红旗、右手持绿(黄)旗,显示联系用手信号。当手持信号旗显示联系用信号时,无论在列车运行或调车作业,均要按该要求执行,以便养成习惯,避免错误显示。但遇必须一只手攀扶机车车辆时,可一手持旗。

第444条　试验列车自动制动机的手信号显示方式如下:

1. 制动

昼间——用检查锤高举头上;夜间——白色灯光高举(如第158图所示)。

2. 缓解

昼间——用检查锤在下部左右摇动;夜间——白色灯光在下部

第 158 图

左右摇动(如第 159 图所示)。

第 159 图

3. 试验结束

昼间——用检查锤作圆形转动;夜间——白色灯光作圆形转动(如第 160 图所示)。

车站人员显示上述信号时,昼间可用拢起的信号旗代替。司机应注意瞭望试验信号,并按规定回答。

第 160 图

如列车制动主管未达到规定压力，试验人员要求司机继续充风时，按照缓解的信号同样显示。

本条对试验列车自动制动机的手信号的使用和显示含义作出了规定。

为保证列车自动制动机作用良好，于列车到达后或始发前，必须按规定的制动机试验项目和要求进行列车制动机性能试验。因列检人员不配备手信号旗和绿色手信号灯，所以规定昼间使用检查锤、夜间使用白色灯光，作为制动试验的指挥用具。车站值班员（助理值班员）、调车人员等在按规定进行列车（调车）自动制动机性能试验时，昼间可用拢起的信号旗显示。

第 445 条 发现接触网故障，需要机车临时降弓通过时，发现的人员应在规定地点显示下列手信号：

1. 降弓手信号

昼间——左臂垂直高举，右臂前伸并左右水平重复摇动；夜间——白色灯光上下左右重复摇动（如第 161 图所示）。

第 161 图

2. 升弓手信号

昼间——左臂垂直高举，右臂前伸并上下重复摇动；夜间——白色灯光作圆形转动(如第 162 图所示)。

第 162 图

本条对接触网故障情况下的降弓手信号和升弓手信号的使用和显示含义作出了规定。

1. 第 1 款:降弓手信号

是临时发现接触网故障,电力机车(或动车组)不能正常通过时,为防止受电弓脱网,发现故障的铁路工作人员显示的信号。显示降弓信号人员与故障地点的距离(由机务部门提供)应能保证机车(或动车组)及时在故障地点前降下受电弓。

2. 第 2 款:升弓手信号

是在列车通过接触网故障地点到达正常供电地点后,有关人员显示的信号,使列车恢复正常运行。

第十八章　信号表示器及标志

信号表示器

第 446 条　道岔表示器的显示方式如下：

1. 昼间无显示；夜间为紫色灯光——表示道岔位置开通直向（如第 163 图所示）。

第 163 图

2. 昼间为中央划有一条鱼尾形黑线的黄色鱼尾形牌；夜间为黄色灯光——表示道岔位置开通侧向（如第 164 图所示）。

第 164 图

3. 在调车区为集中联锁时，进行连续溜放作业的分歧道岔应有道岔表示器，平时无显示，当进行溜放作业时，其显示方式如下：

(1)紫色灯光——表示道岔开通直向(如第165图A所示)；

(2)黄色灯光——表示道岔开通侧向(如第165图B所示)。

A

B

第165图

本条对道岔表示器的显示含义作了描述。

本规程第86条规定："非集中操纵的接发车进路上的道岔，装设道岔表示器，集中操纵的道岔、调车场及峰下咽喉的道岔，不装设道岔表示器；其他道岔根据需要装设道岔表示器。集中联锁调车区进行连续溜放作业的分歧道岔，设道岔表示器……"

道岔表示器用于表示道岔位置(开通直向或侧向)。不论昼间或夜间，均应连续不断地显示，以便有关行车人员能随时确认进路。

为与其他表示器相区别，道岔表示器采用了紫色和黄色灯光(夜间)、中央划有一条鱼尾形黑线的黄色鱼尾形牌(昼间)。

在集中联锁的调车区，道岔的转换由电动转辙机控制，不按第1款、第2款设置道岔表示器。为使调车员能明确瞭望道岔开通的实际位置，以便控制车组的溜放速度，在有连续溜放作业的分歧道岔应有道岔表示器。

道岔表示器仅表示道岔的位置，不作为指示列车或调车机车运行条件的依据。

第 447 条　脱轨表示器的显示方式如下：

1. 带白边的红色长方牌及红色灯光——表示线路在遮断状态（如第 166 图所示）。

2. 带白边的绿色圆牌及月白色灯光——表示线路在开通状态（如第 167 图所示）。

第 166 图

第 167 图

本条对脱轨表示器的显示含义作了描述。

本规程第 86 条规定："……集中联锁以外的脱轨器及引向安全线或避难线的道岔，设脱轨表示器。"

脱轨表示器设于集中联锁以外的脱轨器、脱轨道岔及引向安全线或避难线的道岔，表示线路开通或遮断的状态。当线路在遮断状态时，为指示列车或机车车辆在其前方停车，采用带白边的红色长方牌及红色灯光，机车乘务员确认线路在遮断状态时，严禁越过。

第 448 条　进路表示器在其主体信号机开放时点亮，用于区别进路开通方向或双线区段反方向发车，不能独立构成信号显示。

1. 两个发车方向，当信号机在开放的条件下，分别按左、右两个白色灯光，区别进路开通方向（如第 168 图所示）。

2. 三个发车方向，其显示方式如下：

(1)信号机在开放状态及表示器左方显示一个白色灯光——表示进路开通，准许列车向左侧线路发车（如第 169 图所示）；

第 168 图

(2)信号机在开放状态及表示器中间显示一个白色灯光——表示进路开通,准许列车向中间线路发车(如第 170 图所示);

第 169 图

第 170 图

(3)信号机在开放状态及表示器右方显示一个白色灯光——表示进路开通,准许列车向右侧线路发车(如第 171 图所示)。

第 171 图

3. 四个及其以上发车方向,进路表示器按灯光排列表示。

四个发车方向(由左至右 A、B、C、D 方向)显示方式如下:

(1)信号机在开放状态及表示器左方横向显示两个白色灯光——表示进路开通,准许列车向左侧 A 方向线路发车(如第 172 图所示);

(2)信号机在开放状态及表示器左方斜向显示两个白色灯光——表示进路开通,准许列车向左侧 B 方向线路发车(如第 173 图所示);

(3)信号机在开放状态及表示器右方斜向显示两个白色灯光——表示进路开通,准许列车向右侧 C 方向线路发车(如第 174 图所示);

(4)信号机在开放状态及表示器右方横向显示两个白色灯光——表示进路开通,准许列车向右侧 D 方向线路发车(如第 175 图所示)。

五个发车方向(由左至右 A、B、C、D、E 方向)显示方式如下:

(1)同四个发车方向的第(1)项——表示进路开通,准许列车向左侧 A 方向线路发车(如第 172 图所示);

第 172 图

第 173 图

第 174 图

第 175 图

(2)同四个发车方向的第(2)项——表示进路开通,准许列车向左侧 B 方向线路发车(如第 173 图所示);

(3)信号机在开放状态及表示器中间竖向显示两个白色灯光——表示进路开通,准许列车向中间 C 方向线路发车(如第 176 图所示);

(4)同四个发车方向的第(3)项——表示进路开通,准许列车向

右侧 D 方向线路发车(如第 174 图所示);

(5)同四个发车方向的第(4)项——表示进路开通,准许列车向右侧 E 方向线路发车(如第 175 图所示)。

六个发车方向(由左至右 A、B、C、D、E、F 方向)显示方式如下:

(1)信号机在开放状态及表示器左方竖向显示两个白色灯光——表示进路开通,准许列车向左侧 A 方向线路发车(如第 177 图所示);

第 176 图

第 177 图

(2)信号机在开放状态及表示器左方横向显示两个白色灯光——表示进路开通,准许列车向左侧 B 方向线路发车(如第 178 图所示);

(3)信号机在开放状态及表示器左方斜向显示两个白色灯光——表示进路开通,准许列车向左侧 C 方向线路发车(如第 179 图所示);

(4)信号机在开放状态及表示器右方斜向显示两个白色灯光——表示进路开通,准许列车向右侧 D 方向线路发车(如第 180 图所示);

(5)信号机在开放状态及表示器右方横向显示两个白色灯光——表示进路开通,准许列车向右侧 E 方向线路发车(如第 181 图所示);

第 178 图

第 179 图

第 180 图

第 181 图

(6)信号机在开放状态及表示器右方竖向显示两个白色灯光——表示进路开通，准许列车向右侧 F 方向线路发车(如第 182 图所示)。

七个发车方向(由左至右 A、B、C、D、E、F、G 方向)显示方式如下：

(1)同六个发车方向的第(1)项——表示进路开通，准许列车向

左侧 A 方向线路发车(如第 177 图所示);

(2)同六个发车方向的第(2)项——表示进路开通,准许列车向左侧 B 方向线路发车(如第 178 图所示);

(3)同六个发车方向的第(3)项——表示进路开通,准许列车向左侧 C 方向线路发车(如第 179 图所示);

(4)信号机在开放状态及表示器中间竖向显示两个白色灯光——表示进路开通,准许列车向中间 D 方向线路发车(如第 183 图所示);

第 182 图

第 183 图

(5)同六个发车方向的第(4)项——表示进路开通,准许列车向右侧 E 方向线路发车(如第 180 图所示);

(6)同六个发车方向的第(5)项——表示进路开通,准许列车向右侧 F 方向线路发车(如第 181 图所示);

(7)同六个发车方向的第(6)项——表示进路开通,准许列车向右侧 G 方向线路发车(如第 182 图所示)。

4. 在双线区段仅用于区分反方向发车时,其显示方式如下:

(1)信号机在开放状态且表示器不点亮——准许列车正方向发车(如第 184 图所示)。

(2)信号机在开放状态且表示器显示一个白色灯光——准许列车反方向发车(如第 185 图所示)。

第 184 图

第 185 图

本条对进路表示器的显示含义作了详细的描述。

本规程第 78 条规定:“出站信号机有两个及以上的运行方向,而信号显示不能分别表示进路方向时,应在信号机上装设进路表示器。发车进路兼出站信号机,根据需要可装设进路表示器,区分进路方向。双线自动闭塞区段,有反方向运行条件时,出站信号机设进路表示器。”

本规程第 84 条规定:“……驼峰色灯辅助信号机,可兼作出站或发车进路信号机,并根据需要装设进路表示器。”

进路表示器一般设于出站信号机、发车进路信号机、出站兼发车进路信号机、驼峰辅助信号机,用以区分进路方向。

为明确进路表示器的性质、作用和开放条件,规定了进路表示器仅在其主体信号机开放时点亮,用于区别进路开通方向或双线区段反方向发车,不能独立构成信号显示。

1. 第 1 款:两个发车方向

以前较为常用,但目前在各大干线已逐渐减少使用了。

原铁道部发布的《关于统一六大干线四显示自动闭塞改造工程主要设计原则的通知》(铁建设〔2004〕151 号)规定:“双线自动闭塞区段,当有反向行车运行条件时,出站信号机仅装设反向进路表示器,并纳入联锁;三个及以上方向的出站信号机,各方向均装设进路表示器,不纳入联锁……”如本条第 4 款。此后的工程建设中，各大干线逐步按此进行改造。

由此，本款描述的情况，主要演变为除双线自动闭塞区段之外的两个发车方向（如两个不同的非自动闭塞线路的发车方向），而出站信号机未设置“双绿”显示加以区分时使用。

2. 第 2 款：三个发车方向

进路表示器安装在允许信号机构的下方，设左、中、右三个白色表示灯。在主体信号开放时，某个方向的白色表示灯点亮即表示开通该发车方向。

3. 第 3 款：四个及以上发车方向

进路表示器设置为上下两排表示灯，利用两个白色表示灯同时点亮方能区分方向。按相应的灯光排列表示开通相应的发车方向。

四个发车方向时，进路表示器的显示方式如图 448-1 所示。

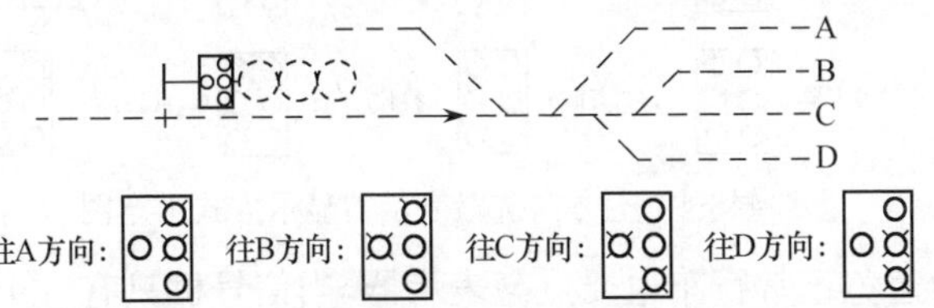

图 448-1　四方向进路表示器显示方式示意图

五个发车方向时，进路表示器的显示方式如图 448-2 所示。

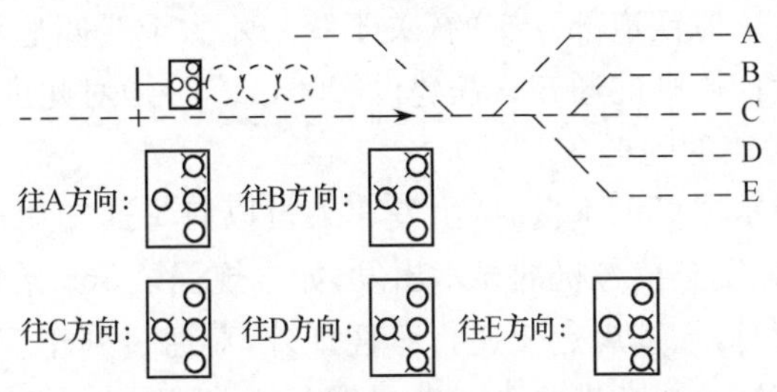

图 448-2　五方向进路表示器显示方式示意图

六个发车方向时，进路表示器的显示方式如图 448-3 所示。

七个发车方向时，进路表示器的显示方式如图 448-4 所示。

4. 第 4 款：双线区段仅用于区分反方向发车

因反方向发车是一种特殊的行车方式，指示反方向发车的显示不经

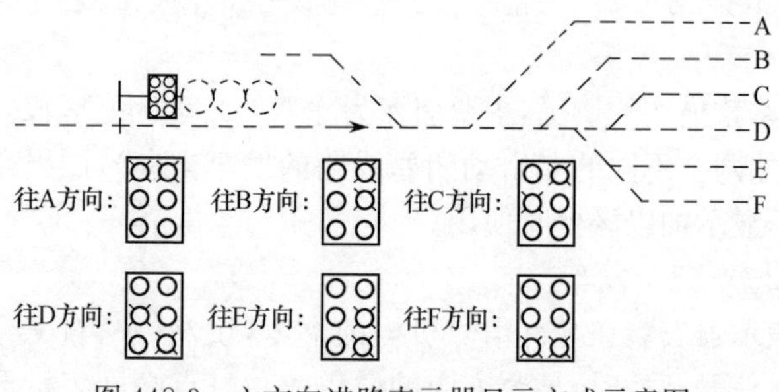

图 448-3　六方向进路表示器显示方式示意图

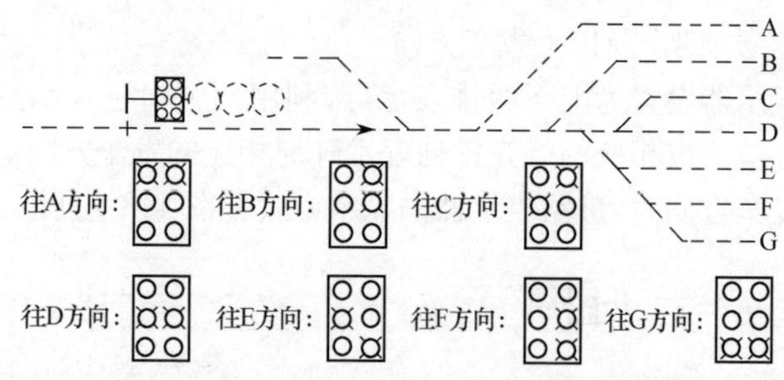

图 448-4　七方向进路表示器显示方式示意图

常使用，为避免正常行车也要点亮表示器，当信号机只有一个反方向发车需要区分时，可用表示器不点亮作为正方向行车的指示。为防止表示器因故灭灯造成错误显示，应将表示器灯丝的完好作为主体信号机开放的必要联锁条件。原铁道部发布的《关于统一六大干线四显示自动闭塞改造工程主要设计原则的通知》(铁建设〔2004〕151 号)对此进行了规定。

5. 需要说明的问题

当进路表示器显示不良时，由发车人员以口头通知司机列车开往方向后，列车可凭发车信号机的显示出发，如本规程第 365 条规定："出站信号机发生故障时，除按规定交递行车凭证外，对通过列车应预告司机，并显示通过手信号。装有进路表示器或发车线路表示器的出站信号机，当该表示器不良时，由办理发车人员通知司机后，列车凭出站信号机的显示出发。"

本条规定参考了原铁道部发布的《关于汉口站出站信号机发车进路表示器显示方式的批复》(铁运函〔2010〕582 号)的相关内容。

第 449 条 发车线路表示器在线群出站信号机开放后显示一个白色灯光——准许该线路上的列车发车(如第 186 图所示)。

不许发车的线路,所属该线路的发车线路表示器不能点亮。

发车线路表示器可用于驼峰调车场,作为调车线路表示器,显示一个白色灯光——准许调车。

第 186 图

本条对发车线路表示器的显示含义作了描述。

本规程第 81 条规定:“设有线群出站信号机时,在线群每一条发车线路的警冲标内方适当地点,装设发车线路表示器。”

发车线路表示器设在装有线群出站信号机的每条发车线路上。

当线群出站信号机开放后,发车线路表示器显示一个白色灯光,表示准许该线路上的列车发车。为防止误认发车线路表示器为调车信号,其灯光采用白色,以区别于调车信号机的月白色灯光。

发车线路表示器和线群出站信号机之间的道岔没有联锁关系。在发车时,司机应特别注意发车信号,以保证行车安全。

线群出站信号机开放后,只能有一个发车线路表示器点亮。不许可发车的线路,其发车线路表示器无显示。

为减少调车线内的调车信号机及相应的设备，发车线路表示器可用于驼峰调车场，作为调车线路表示器，显示一个白色灯光，表示准许调车。

本规程第 365 条规定：“出站信号机发生故障时，除按规定交递行车凭证外，对通过列车应预告司机，并显示通过手信号。装有进路表示器或发车线路表示器的出站信号机，当该表示器不良时，由办理发车人员通知司机后，列车凭出站信号机的显示出发。”

第 450 条 发车表示器常态不显示；显示一个白色灯光——表示车站人员准许发车（如第 187 图所示）。

第 187 图

本条对发车表示器的显示含义作了描述。

本规程第 79 条规定：“发车信号辨认困难的车站，在便于司机瞭望的地点可装设发车表示器。”

车站人员必须在出站信号机已经开放、车站值班员已通知发车后，才能开放发车表示器，指示列车出发。

发车表示器常态不显示；有显示时，其前后方向均显示一个白色灯光，以便于司机瞭望。

第 451 条 调车表示器的显示方式如下：

1. 向调车区方向显示一个白色灯光——准许机车车辆自调车区向牵出线运行(如第 188 图所示)；

2. 向牵出线方向显示一个白色灯光——准许机车车辆自牵出线向调车区运行(如第 189 图所示)；

第 188 图

第 189 图

3. 向牵出线方向显示两个白色灯光——准许机车车辆自牵出线向调车区溜放(如第 190 图所示)。

第 190 图

本条对调车表示器的显示含义作了描述。

本规程第 80 条规定:“……在作业繁忙的调车场上,因受地形、地物影响,调车机车司机看不清调车指挥人的手信号时,设调车表示器。”

调车表示器是在繁忙的调车场上,因地形、地物影响调车机车司机瞭望调车指挥人的手信号时,用以代替调车指挥人的手信号而设置的。调车表示器向前、后均能单独显示:一方向着调车区,一方向着牵出线。当向调车区或牵出线方向显示一个白色灯光时,表示准许机车车辆自调车区向牵出线或自牵出线向调车区运行;当向牵出线方向显示两个白色灯光时,表示准许机车车辆自牵出线向调车区溜放。

调车表示器只准许调车指挥人使用,以保证调车作业安全。

第 452 条 车挡表示器设置在线路终端的车挡上,昼间一个红色方牌;夜间显示一个红色灯光(如第 191 图所示)。

安全线及避难线可不设置车挡表示器。

第 191 图

本条对车挡表示器的显示含义作了描述。

本规程第 68 条规定:“信号装置一般分为信号机和信号表示器两类……信号表示器分为道岔、脱轨、进路、发车、发车线路、调车及车挡表示器。”

车挡表示器设在尽头线终端的车挡上(安全线、避难线除外)。其设置目的是为了便于司机和调车指挥人员瞭望车挡位置,防止列车或机车车辆与车挡相撞。

安全线和避难线均属线路隔开设备,不准机车车辆进入。本规程第 86 条规定:“……集中联锁以外的脱轨器及引向安全线或避难线的道岔,设脱轨表示器。”故安全线和避难线可不装设车挡表示器。

线路标志及信号标志

第 453 条 线路标志包括:公里标、半公里标,曲线标,圆曲线和缓和曲线的始终点标,桥梁标,隧道(明洞)标,坡度标,以及铁路局、工务段、线路车间、线路工区和供电段的界标。

信号标志包括:警冲标,站界标,预告标,引导员接车地点标,司机鸣笛标,电气化区段的电力机车禁停标,断电标、合电标,接触网终点标,准备降下受电弓标、降下受电弓标、升起受电弓标,作业标,减速地点标,补机终止推进标、机车停车位置标,四显示机车信号接通标,四显示机车信号断开标,轨道电路调谐区标志,级间转换标,通信模式转换标,以及除雪机用的临时信号标志等。

本条对线路标志和信号标志的种类进行了描述。

根据行车和线路养护维修的需要,在铁路线路上设置有各种线路标志和信号标志。

线路标志用以表明铁路线路里程及铁路建筑物的设备状态和位置,以及各级管理机构管界等。信号标志是对机车车辆操作人员起指示作用的标志。

通过各种线路标志和信号标志,可使铁路工作人员明了线路状态,便于从事线路维修、检查、执行任务和联系工作,并使机车乘务员依据各种标志的要求进行操作,达到安全运行的目的。

各种标志的设置应符合本规程以及《线路及信号标志》(TB/T 2493)、《铁路线路及信号标志(客货共线铁路线路标志图集)》(通线〔2007〕8024—Ⅰ)、《铁路线路及信号标志(客货共线铁路信号标志图集)》(通线〔2007〕8024—Ⅱ)等有关技术标准的规定。

本条未描述"百米标"的内容,是指"百米标"不作为必须设置的线路标志。在普速铁路线路断链地段,为明确线路里程变化情况,在相关管理办法中仍要求在一定范围内设置"百米标"。

---

* **第454条** 线路、信号标志应设在其内侧距线路中心不小于3.1 m处(警冲标除外)。

1. 线路标志,按计算公里方向设在线路左侧。双线区段须另设线路标志时,应设在列车运行方向左侧。

(1)公里标、半公里标,设在一条线路自起点计算每一整公里、半公里处(如第192图所示)。

第192图

(2)曲线标,设在曲线中点处,标明曲线中心里程、半径大小、曲线和缓和曲线长度(如第193图所示)。

(3)圆曲线和缓和曲线的始终点标,设在直缓、缓圆、圆缓、缓直各点处,标明所向方向为直线、圆曲线或缓和曲线(如第194图所示)。

(4)桥梁标,设在桥梁两端桥头处,标明桥梁编号、中心里程和长度(如第195图所示)。

第 193 图

第 194 图

(5)隧道(明洞)标,直接标注在隧道(明洞)两端洞门端墙上,标明隧道号或名称,中心里程和长度(如第 196 图所示)。

(6)坡度标,设在线路坡度的变坡点处,两侧各标明其所向方向的上、下坡度值及其长度(如第 197 图所示)。

(7)铁路局、工务段、线路车间、线路工区和供电段的界标,设在各该单位管辖地段的分界点处,两侧标明所向的单位名称(如第 198 图所示)。

2. 信号标志,设在列车运行方向左侧(警冲标除外)。双线区段

第 195 图

第 196 图

的轨道电路调谐区标志设在线路外侧。

(1)警冲标,设在两会合线路线间距离为 4 m 的中间。线间距离不足 4 m 时,设在两线路中心线最大间距的起点处(如第 199 图所示)。在线路曲线部分所设道岔附近的警冲标与线路中心线间的距离应按限界的加宽增加。

第 197 图

第 198 图

第 199 图

(2)站界标，设在双线区间列车运行方向左侧最外方顺向道岔(对向出站道岔的警冲标)外不少于 50 m 处，或邻线进站信号机相对处(如第 200 图所示)。

(3)预告标，设在进站信号机及线路所通过信号机外方 900 m、1 000 m及 1 100 m 处(如第 201 图所示)，但在设有预告或接近信号机及自动闭塞的区段，均不设预告标。

在双线区间，退行的列车看不见邻线的预告标时，在距站界外 1 100 m处特设一个预告标(如第 202 图所示)。

(4)引导员接车地点标，列车在距站界 200 m 以外，不能看见引导人员在进站信号机或站界标处显示的手信号时，须在列车距站界 200 m 外能清晰地看见引导人员手信号的地点设置(如第 203 图所示)。

第 200 图

单位:m

第 201 图

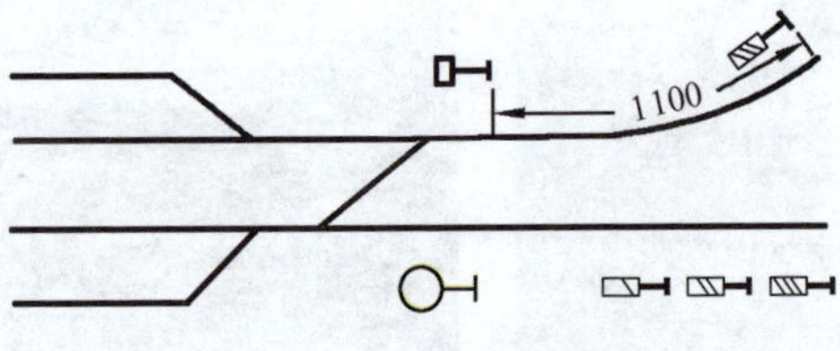

单位:m

第 202 图

第 203 图

(5)司机鸣笛标，设在道口、大桥、隧道及视线不良地点的前方500～1 000 m 处(如第 204 图所示)。在非限鸣区域，司机见此标志须长声鸣笛；在限鸣区域内，司机见此标志应开启灯显示警设备，除遇危及行车安全等情况外，限制鸣笛。

(6)电力机车禁停标，设在站场、区间接触网锚段关节式电分段两端，电力机车(动车组)在该标志提示的禁停区域内不得停留(如第 205 图所示)。

第 204 图

第 205 图

(7)在电气化区段接触网电分相前方，分别设断电标(如第 206 图左图所示)、禁止双弓标(如第 207 图所示)。对于最高运行速度大于 120 km/h 的旅客列车、特快货物班列及最高运行速度为 120 km/h的货物列车、快速货物班列运行的线路，在断电标的前方增设特殊断电标(如第 206 图右图所示)。在接触网电分相后方设合电标(如第 208 图所示)，设置位置如第 209 图所示。在双线电气化区段，在"合"、"断"电标背面，可分别加装"断"、"合"字标，作为反方向行车的"断"、"合"电标使用。

(8)接触网终点标，设在接触网边界(如第 210 图所示)。

(9)在电气化线路接触网故障降弓地段前方，分别设准备降下受电弓标(如第 211 图所示)、降下受电弓标(如第 212 图左图所示)；对于最高运行速度大于 120 km/h 的旅客列车、特快货物班列及最高运行速度为 120 km/h 的货物列车、快速货物班列运行的线路，在降下受电弓标的前方增设特殊降弓标(如第 212 图右图所示)。在降弓地段后方,设升起受电弓标(如第 213 图所示),设置位置如第 214 图所示。

第 206 图

第 207 图

第 208 图

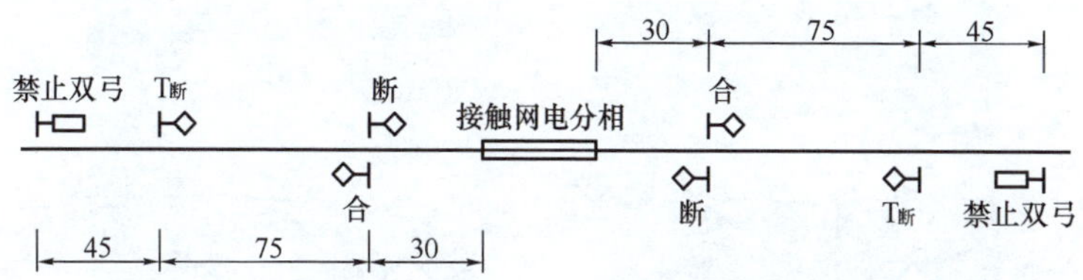

单位:m

第 209 图

第 210 图

第 211 图

第 212 图

第 213 图

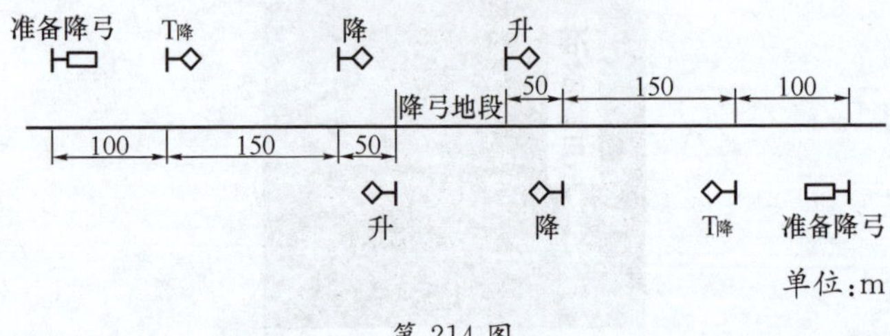

第 214 图

(10)作业标,设在施工线路及其邻线距施工地点两端 500～1 000 m 处(如第 215 图所示)。司机见此标志须长声鸣笛,注意瞭望。

第 215 图

(11)减速地点标,设在需要减速地点的两端各 20 m 处。正面表示列车应按规定限速通过地段的始点,背面表示列车应按规定限速通过地段的终点(如第 216 图所示)。

第 216 图

(12)补机终止推进标(如第 217 图所示)、机车停车位置标(如第 218 图所示),设置位置由铁路局规定。

第 217 图

第 218 图

(13)四显示机车信号接通标(机车信号接通标):涂有白底色、黑竖线、黑框的反光菱形板及黑白相间的立柱标志(如第 219 图所示)。

(14)四显示机车信号断开标:涂有白底色、中间断开的黑横线、黑框的反光菱形板及黑白相间的立柱标志(如第 220 图所示)。

(15)轨道电路调谐区标志:

Ⅰ型为反方向区间停车位置标,涂有白底色、黑框、黑"停"字、斜红道,标明调谐区长度的反光菱形板标志(如第 221 图所示)。

Ⅱ型为反方向行车困难区段的容许信号标,涂有黄底色、黑框、黑“停”字、斜红道，标明调谐区长度的反光菱形板标志(如第 222 图所示)。

第 219 图

第 220 图

第 221 图

第 222 图

Ⅲ型用于反方向运行合并轨道区段之间的调谐区或因轨道电路超过允许长度而设立分隔点的调谐区，为涂有蓝底色、白“停”字、斜红道，标明调谐区长度的反光菱形板标志(如第 223 图所示)。

第 223 图

以上三种调谐区标志均使用黑白相间的立柱。

(16)级间转换标:在 CTCS-0/CTCS-2 级转换边界一定距离前方的级间转换应答器组对应的线路左侧设级间转换标志。该标志采用涂有白底色、黑框、写有黑“C0”、“C2”标记的反光菱形板及黑白相间的立柱(如第 224 图 A、第 224 图 B 所示)。

A

B

第 224 图

(17)通信模式转换标:在始发站列车停车标内方或需要转换通信模式的相应地点设机车综合无线通信设备通信模式转换提示标

志，标志牌顶边距轨面 2.5 m。该标志标面采用涂有白底色、黑框、写有黑“通信转换”字样的方形板，如第 225 图 A、第 225 图 B 所示。

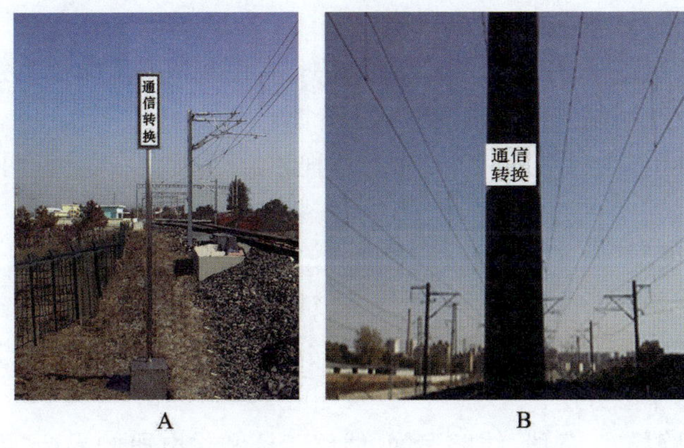

第 225 图

本条对各种线路标志和信号标志的使用和显示含义作了详细描述。

为适应大型养路机械作业的需要，本条对各种线路标志、信号标志的设置作了统一规定。

线路标志、信号标志的制作及标示规则，按原铁道部发布的通用参考图《铁路线路及信号标志（客货共线铁路线路标志图集）》（通线〔2007〕8024—Ⅰ）和《铁路线路及信号标志（客货共线铁路信号标志图集）》（通线〔2007〕8024—Ⅱ）执行。

遇有桥梁时，应在维修人员通道的护栏上安装铁质线路标志。

1. 第 1 款：线路标志

（1）公里标、半公里标（如本规程第 192 图）

公里标表示一条线路自起点至本标志距离的公里数；半公里标位于其前后公里标之间的中点。公里标中的阿拉伯数字代表公里数，半公里标中的“$\frac{1}{2}$”系指半公里。

（2）曲线标（如本规程第 193 图）

在其侧面标明曲线中心里程，其余信息标注在正面。

（3）圆曲线和缓和曲线始终点标（如本规程第 194 图）

标明所向方向为直线、圆曲线或缓和曲线，设在直缓、缓圆、圆缓各点处。

(4)桥梁标(如本规程第195图)

标明桥梁编号、中心里程和长度(桥长)，设在桥梁两端桥头处。

(5)隧道(明洞)标(如本规程第196图)

标明隧道(明洞)号或名称、中心里程和长度，标注在隧道(明洞)两端洞门端墙上。

(6)坡度标(如本规程第197图)

表示线路纵断面状态。设在线路坡度的变坡点处，其两侧各标明其所向方向的上、下坡度值和长度。表示坡道方向的箭头应统一规范为箭头指向线路中心方向。

(7)铁路局、工务段、线路车间、线路工区和供电段的界标(如本规程第198图)

设在各该单位管辖地段的分界点处，两侧标明所向的单位名称。

2. 第2款:信号标志

信号标志是对机车车辆操作人员起指示作用的标志。因司机的位置在左侧，为便于瞭望，将其设于列车运行方向的左侧(警冲标除外)。双线区段的轨道电路调谐区标志设在线路外侧，主要是因为受建筑限界的影响。

(1)警冲标(如本规程第199图)

指示机车车辆(动车组)停车时，不准向道岔方面或线路平面交叉处所越过。

根据机车车辆限界规定，由线路中心计算，其一侧最大宽度为1 800 mm。道岔岔后两相邻线路存有机车车辆时，两者之间必须保持3 600 mm的空间。另外，考虑机车车辆运行中的摆动等因素，规定警冲标设在两会合线路线间距离的中间。线间距不足4 m时，设在两线路中心线最大间距起点处。在线路曲线部分所设道岔附近的警冲标与线路中心线间的距离，应按限界的加宽增加。

(2)站界标(如本规程第200图)

双线区段表示车站与区间的分界。

车站连接区间的线路入口处设有进站信号机时，以进站信号机作为站界，不再设置站界标；车站连接区间的线路入口处未设进站信号机时，以站界标作指示。

文中所述“列车运行方向”指出站方向。

站界标设置地点类似于进站信号机(可参见本规程第 72 条)。考虑站内调车作业需要,即当一台机车挂一至两辆货车转线时不致越出站界,所以规定设在双线区间列车运行方向左侧最外方顺向道岔(对向出站道岔的警冲标)外不少于 50 m 处,或邻线进站信号机相对处。

(3)预告标

用以预告列车接近车站(线路所)。

列车在区间运行时,为对“接近车站”作出预告,设置相关的“信号”。

在自动闭塞区段,区间设有通过信号机。与其他通过信号机不同,邻近车站的通过信号机涂有黑斜线(进站信号机前方第一架通过信号机涂有三条黑斜线,四显示自动闭塞区段进站信号机前方第二架通过信号机还涂有一条黑斜线),以此给出“接近车站”的预告“信号”。

在非自动闭塞区段,区间一般无通过信号机,在进站信号机(线路所通过信号机)外方设置的预告信号机或接近信号机可作为“接近车站”的预告“信号”。

除此之外,在非自动闭塞区段,车站(线路所)未设预告信号机或接近信号机时,在进站信号机及线路所通过信号机外方 900 m、1 000 m 及 1 100 m 处设置的预告标(如本规程第 201 图),可预告列车司机接近车站(线路所)。

(4)引导员接车地点标

指示引导员引导接车时显示手信号的地点。当受地形地物影响,列车在距站界 200 m 以外不能看见引导人员在进站信号机或站界标处显示的手信号时,须在列车距站界 200 m 以外能清晰地看见引导人员手信号的地点设置引导员接车地点标(如本规程第 203 图)。

(5)司机鸣笛标(如本规程第 204 图)

指示司机长声鸣笛。司机见此标志,须长声鸣笛或开启灯显警示设备,表示列车已接近,以引起道路人员及铁路工作人员的注意,下道避车。设在道口、大桥、隧道及视线不良地点的前方 500～1 000 m 处。在限鸣区域内,为减少鸣笛产生的噪声污染,改用灯显示警设备实现鸣笛的警示功能。

(6)电力机车禁停标(如本规程第205图)

设在站场、区间接触网锚段关节式电分段两端,提示电力机车(动车组)在该标志提示的禁停区域内不得停留,避免电力机车(动车组)失去动力或影响接触网正常工作。

(7)断电标、合电标、禁止双弓标

是设于电气化区段的专用标志。

断电标预告司机前方是接触网电分相,机车应断电运行;合电标通知司机已越过接触网电分相,可合电运行;禁止双弓标预告司机在前方接触网电分相断电处所,不准升起双弓。

列车通过电气化区段接触网电分相时必须断电,而且不得升起双弓,以保障电气化铁路列车的安全。为提示司机操作,在接触网电分相前方分别设有断电标和禁止双弓标,但列车断电时间不能太长,通过接触网电分相后应及时合电,避免列车降速过多造成意外停车,所以合电标设置位置距接触网电分相较近。对于最高运行速度大于120 km/h的旅客列车、行邮列车及最高运行速度为120 km/h的货物列车、行包列车,因为列车运行速度较高,应按特殊断电标操作。考虑到司机操作的安全时间,特殊断电标设在断电标的前方75 m处。以上标志样式如本规程第206图、第207图、第208图,设置位置如本规程第209图。

(8)接触网终点标

设在接触网边界,警告司机不准越过该标,防止机车脱弓(如本规程第210图)。

(9)准备降下受电弓标、降下受电弓标、升起受电弓标

是设于电气化区段的专用标志。

准备降下受电弓标设在降下受电弓标前方,预先通告司机准备降下受电弓;降下受电弓标通知司机降下受电弓通过施工地段;升起受电弓标通知司机已越过施工地段,准许升起受电弓恢复正常运行。

在电气化线路接触网故障需要列车降弓通过时,为提示司机操作,在降弓地段前方分别设准备降下受电弓标和降下受电弓标。在列车通过降弓地段后,按升起受电弓标提示及时升起受电弓。对于最高运行速度大于120 km/h的旅客列车、行邮列车及最高运行速度为120 km/h的货物

列车、行包列车，因为列车运行速度较高，应按特殊降弓标操作。考虑到司机操作的安全时间，特殊降弓标设在降下受电弓标的前方 150 m 处。以上标志的式样如本规程第 211 图、第 212 图、第 213 图，设置位置如本规程第 214 图。

(10)作业标(如本规程第 215 图)

设在线路施工作业地点及邻线距施工地点两端 500～1 000 m 处，表示前方有施工作业，以使司机注意瞭望，注意施工处所，并长声鸣笛，通知作业人员下道避车。

(11)减速地点标(如本规程第 216 图)

指示列车按规定限速运行、通过减速地段。司机由该标志处起必须按规定限速运行。减速地点标设在需要减速地点的两端各 20 m 处，正面表示列车按规定限速通过的起点，背面表示列车应按规定限速通过的终点。该标志为白色圆牌，边线及中间线为黑色。

(12)补机终止推进标(如本规程第 217 图)、机车停车位置标(如本规程第 218 图)

(13)四显示机车信号接通标(机车信号接通标)

在非四显示自动闭塞区段，为提示机车乘务员，在进入四显示自动闭塞区段前的规定位置处设置四显示机车信号接通标(机车信号接通标)(如本规程第 219 图)。

(14)四显示机车信号断开标

为提示机车乘务员由四显示自动闭塞区段离开、进入非四显示自动闭塞前，在规定位置处设置四显示机车信号断开标(如本规程第 220 图)。

(15)轨道电路调谐区标志

无绝缘轨道电路虽然没有机械形式的绝缘节，但在两段轨道电路的连接处存在调谐区。为避免在调谐区内停车，须向机车乘务员指示确切位置，因此设置反方向区间停车位置标(Ⅰ型)、反方向行车困难区段的容许信号标(Ⅱ型)、反方向运行合并轨道区段之间的调谐区标志(Ⅲ型)或因轨道电路超过允许长度而设立分隔点调谐区标志(Ⅲ型)等轨道电路调谐区标志。

条文的插图中轨道电路调谐区标志上标明的禁停区长度值(29 m)为典型值，在不同的地段，该数值可能有所不同。

相对于高速铁路区段，普速铁路的轨道电路调谐区标志较大（宽约850 mm），如本规程第221图、第222图、第223图。

（16）级间转换标

设置在不同等级列控系统的等级转换（一般为CTCS-0级与CTCS-2级）边界前方执行应答器处，用于指示列车运行前方线路的列控系统等级（如本规程第224图）。

（17）通信模式转换标

设在始发站列车停车标内方或需要转换通信模式的相应地点，提示司机通信模式的转换（如本规程第225图）。

第455条 通知操纵除雪机人员的临时信号标志如下：

1. 除雪机工作阻碍标——表示前面有道口、道岔、桥梁等建（构）筑物，妨碍除雪机在工作状态下通过；

2. 除雪机工作阻碍解除标——表示已通过阻碍地点。

上述标志的设置如第226图所示。

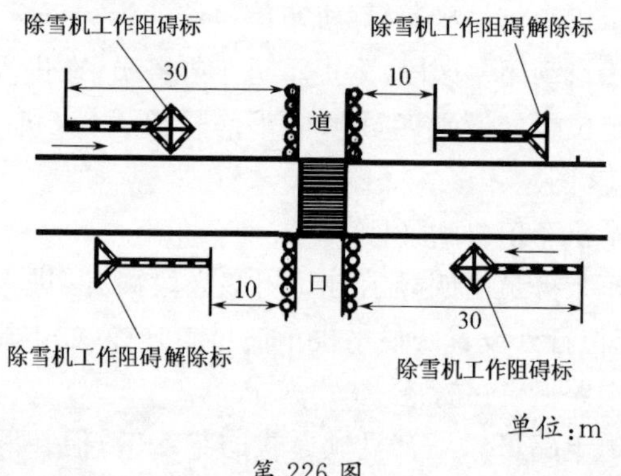

第226图

本条对通知操纵除雪机人员的临时信号标志的使用和显示含义作出了规定。

除雪机工作阻碍标和除雪机工作阻碍解除标，均系使用除雪机时临时设置的标志。

除雪机工作阻碍标用于预告除雪机司机前方有道口、道岔或桥梁等建筑物，妨碍除雪机的正常作业。除雪机工作阻碍标设于建(构)筑物前方30 m的地点，是考虑给除雪机司机变更操纵方法的时间(如本规程第226图)。

线路安全保护标志

第456条 铁路线路安全保护区的范围按《铁路安全管理条例》的规定执行。线路安全保护区标桩分为A型(如第227图A所示)、B型(如第227图B所示)两种。

A

B

第227图

A型标桩为基本型，沿铁路线路安全保护区边界每200 m左右设置一个，特殊地段可增加或减少设置数量，人烟稀少地区可不设置。

B型标桩为辅助型，适于在人员活动频繁地段的道口、桥隧两端、公路立交桥附近醒目地点、居民区附近和人身伤害事故多发地段的铁路线路安全保护区边界设置。

标桩在铁路线路两侧规定距离设置时，应与线路另一侧标桩相错埋设。

本条对线路安全保护标志的设置方式进行了描述。

为加强铁路运输安全管理，保障铁路运输安全和畅通，保护人身安全、财产安全及其他合法权益，根据《铁路安全管理条例》规定，设置铁路线路安全保护区标桩和警示、保护标志。

本规程第 16 条规定:“铁路线路两侧应按规定设立铁路线路安全保护区,在铁路线路安全保护区边界设置标桩,并根据需要设置围墙、栅栏、防护桩等防护设施……”

本规程第 17 条规定:“铁路线路安全保护区内的道路和铁路线路路堑上的道路、跨越铁路线路的道路桥梁,应按照国家有关规定设置防止车辆以及其他物体进入、坠入铁路线路的安全防护设施和警示标志。下穿铁路桥梁、涵洞的道路应按照国家标准设置车辆通过限高、限宽标志和限高防护架。”

标桩、标志的制作和标示方法应根据原铁道部发布的通用参考图《铁路线路及信号标志(客货共线铁路线路标志图集)》(通线〔2007〕8024—Ⅰ)所规定的内容进行制作和标示(如本规程第 227 图 A、第 227 图 B)。

《铁路安全管理条例》第二十七条规定:

“铁路线路两侧应当设立铁路线路安全保护区。铁路线路安全保护区的范围,从铁路线路路堤坡脚、路堑坡顶或者铁路桥梁(含铁路、道路两用桥,下同)外侧起向外的距离分别为:

(一)城市市区高速铁路为 10 米,其他铁路为 8 米;

(二)城市郊区居民居住区高速铁路为 12 米,其他铁路为 10 米;

(三)村镇居民居住区高速铁路为 15 米,其他铁路为 12 米;

(四)其他地区高速铁路为 20 米,其他铁路为 15 米。

前款规定距离不能满足铁路运输安全保护需要的,由铁路建设单位或者铁路运输企业提出方案,铁路监督管理机构或者县级以上地方人民政府依照本条第三款规定程序划定。

在铁路用地范围内划定铁路线路安全保护区的,由铁路监督管理机构组织铁路建设单位或者铁路运输企业划定并公告。在铁路用地范围外划定铁路线路安全保护区的,由县级以上地方人民政府根据保障铁路运输安全和节约用地的原则,组织有关铁路监督管理机构、县级以上地方人民政府国土资源等部门划定并公告。

铁路线路安全保护区与公路建筑控制区、河道管理范围、水利工程管理和保护范围、航道保护范围或者石油、电力以及其他重要设施保护区重叠的,由县级以上地方人民政府组织有关部门依照法律、行政法规的规定协商划定并公告。

新建、改建铁路的铁路线路安全保护区范围，应当自铁路建设工程初步设计批准之日起30日内，由县级以上地方人民政府依照本条例的规定划定并公告。铁路建设单位或者铁路运输企业应当根据工程竣工资料进行勘界，绘制铁路线路安全保护区平面图，并根据平面图设立标桩。”

第457条 在下列地点应设置警示、保护标志：

1. 在未全封闭的铁路桥梁、隧道两端的线路两侧，设严禁通过标(如第228图A所示)；

2. 在铁路桥梁跨越河道上下游规定的地点，设严禁采砂标(如第228图B所示)；

3. 在铁路信号、通信光(电)缆埋设地点，设电缆标(如第228图C所示)；

4. 在电气化铁路接触网、自动闭塞供电线路和电力贯通线路等电力设施附近易发生危险的地方，设严禁进入标(如第228图D所示)。

第228图

本条对警示、保护标志的设置方式进行了描述。

根据《铁路安全管理条例》规定，设置铁路安全警示、保护标志。

本规程第 17 条规定："铁路线路安全保护区内的道路和铁路线路路堑上的道路、跨越铁路线路的道路桥梁，应按照国家有关规定设置防止车辆以及其他物体进入、坠入铁路线路的安全防护设施和警示标志……"

标志的制作和标示方法应根据原铁道部发布的通用参考图《铁路线路及信号标志(客货共线铁路线路标志图集)》(通线〔2007〕8024—Ⅰ)所规定的内容进行制作和标示。

1. 第 1 款：严禁通过标

《铁路安全管理条例》第二十八条规定："设计开行时速 120 公里以上列车的铁路应当实行全封闭管理。铁路建设单位或者铁路运输企业应当按照国务院铁路行业监督管理部门的规定在铁路用地范围内设置封闭设施和警示标志。"

《铁路安全管理条例》第五十条规定：

"在下列地点，铁路运输企业应当按照国家标准、行业标准设置易于识别的警示、保护标志：

(一)铁路桥梁、隧道的两端；

(二)铁路信号、通信光(电)缆的埋设、铺设地点；

(三)电气化铁路接触网、自动闭塞供电线路和电力贯通线路等电力设施附近易发生危险的地点。"

在未进行有效安全防护和安全避让列车培训的情况下，非工作人员通过铁路桥梁、隧道存在严重行车和人身安全隐患，根据《中华人民共和国铁路法》和《铁路安全管理条例》的规定，严禁在未设置行人通道的铁路桥梁上、隧道内通行，在两端需设严禁通过标(如本规程第 228 图 A)。

线路采用全封闭管理时，非工作人员不能擅自进入铁路线路，可从根本上避免上述行车和人身安全隐患，故没必要设置严禁通过标，这也可减少标志的数量，有利于列车运行和线路维护等工作。

2. 第 2 款：严禁采砂标

《铁路安全管理条例》第三十八条规定：

"禁止在铁路桥梁跨越处河道上下游的下列范围内采砂、淘金：

(一)跨河桥长 500 米以上的铁路桥梁，河道上游 500 米，下游

3 000米；

（二）跨河桥长 100 米以上不足 500 米的铁路桥梁，河道上游 500 米，下游 2 000 米；

（三）跨河桥长不足 100 米的铁路桥梁，河道上游 500 米，下游 1 000米。

有关部门依法在铁路桥梁跨越处河道上下游划定的禁采范围大于前款规定的禁采范围的，按照划定的禁采范围执行。

县级以上地方人民政府水行政主管部门、国土资源主管部门应当按照各自职责划定禁采区域、设置禁采标志，制止非法采砂、淘金行为。”

在上述规定地点需设置严禁采砂标（如本规程第 228 图 B）。

3. 第 3 款：电缆标

铁路线路沿线敷设有大量信号、通信光（电）缆，为提供埋设于地下电缆的具体位置，在电缆的上方埋设电缆标进行提示。

铁路信号、通信光（电）缆是确保列车运行安全的重要设施，一旦遭到破坏将可能产生严重后果。为满足施工或者抢险等工作的需要，在铁路信号、通信光（电）缆的埋设地点，需按规定设置电缆标（如本规程第 228 图 C）。

《铁路安全管理条例》第五十二条规定：

“禁止实施下列危及铁路通信、信号设施安全的行为：

（一）在埋有地下光（电）缆设施的地面上方进行钻探，堆放重物、垃圾，焚烧物品，倾倒腐蚀性物质；

（二）在地下光（电）缆两侧各 1 米的范围内建造、搭建建筑物、构筑物等设施；

（三）在地下光（电）缆两侧各 1 米的范围内挖砂、取土；

（四）在过河光（电）缆两侧各 100 米的范围内挖砂、抛锚或者进行其他危及光（电）缆安全的作业。”

4. 第 4 款：严禁进入标

电气化铁路接触网、自动闭塞供电线路和电力贯通线路等电力设施通过高压电流，未进行有效安全防护和必要安全培训人员接近易发生触电危险，在上述地点附近须按规定设置严禁进入标（如本规程第 228 图 D）。

第 458 条 在铁路线路允许行人、自行车通过，禁止机动车通过的人行过道应设置人行过道路障桩(如第 229 图所示)。

第 229 图

本条对人行过道路障桩的设置方式进行了描述。

为确保行车安全，禁止机动车通过专为行人和非机动车设置的人行过道，设置人行过道路障桩。

本规程第 50 条规定：“列车运行速度 120 km/h 及以上线路全封闭、全立交，线路两侧按标准进行栅栏封闭，并设置相应的警示标志。列车运行速度 120 km/h 以下的线路，铁路道口、人行过道的设置或拓宽按照铁路总公司有关规定办理。铁路道口、人行过道的等级、标准、铺设、拆除及需否看守，由铁路局决定。”

本规程第 51 条规定：“铁路道口应设置警示标志、铁路道口路段标线、司机鸣笛标及护桩；人行过道应设置路障、鸣笛标；站内道口、人行过道两端不设鸣笛标。根据需要设置栅栏或其他安全设施……”

人行过道路障桩按规定设于人行过道两端，一般按小于机动三轮车的宽度，以 0.8～1.0 m 的间隔埋设。标志的制作和标示方法应根据原铁道部发布的通用参考图《铁路线路及信号标志(客货共线铁路线路标志图集)》(通线〔2007〕8024—I)所规定的内容进行制作和标示(如本规程第 229 图)。

列车标志

***第 459 条** 列车应在头部和尾部分别显示不同的列车标志。

列车标志的显示方式，昼间与夜间相同，昼间可不点灯，其显示方式如下：

1. 列车牵引运行时，机车前端一个头灯及中部两侧各一个白色灯光（如第230图所示）。列车尾部两个侧灯，向后显示红色灯光，向前显示白色灯光；挂有货物列车列尾装置时，为列尾装置向后显示红白相间的反射标志和一个红色闪光灯光（如第231图所示）。动车组以外的旅客列车尾部加挂客车时，侧灯位置不作调整，最后一辆客车的制动软管、总风软管须吊起。

第230图

第231图

2. 列车推进运行时，列车前端两个侧灯，向前显示红色灯光，向后显示白色灯光；挂有货物列车列尾装置时，为列尾装置向前显示红白相间的反射标志和一个红色闪光灯光（如第 233 图所示）。机车后端中部两侧各一个红色灯光（如第 234 图、第 235 图所示）。

3. 列车后端挂有补机时，机车后端标志与本条第 2 款同。

第 233 图

第 234 图

第 235 图

注：根据铁总科技〔2017〕221 号文件，第 232 图删除。

4. 单机运行时，机车前端标志与本条第 1 款同；后端标志与本条第 2 款同。

5. 调车机车及机车出入段时，机车前端标志与本条第 1 款同；机车后端标志与本条第 2 款同。

6. 轨道车运行时，前端一个白色灯光（如第 238 图所示）；后端一个红色灯光（如第 239 图所示）。

第 238 图

第 239 图

本条对各种列车标志的设置方式和显示含义进行了描述。

本规程第 331 条规定："列车是指编成的车列并挂有机车及规定的列车标志……旅客列车的尾部标志应使用电灯，动车组以外的旅客列车尾部标志灯的摘挂、保管，由车辆部门负责。对中途转向的动车组以外的旅客列车应有备用标志灯，以备转向时使用。"

列车标志是列车在线路上运行时的显示，分别向运行前方、后方显示不同位置和颜色的灯光，表示列车以不同的方式运行。接发车、维修施工、巡道、道口等行车人员在一定的距离内可根据列车标志确认列车的运行状态和列车的完整，据此办理有关工作，保证列车运行的安全。

列车标志的显示方式，昼间与夜间相同，但昼间可不点灯，主要是考虑昼间瞭望条件好，有关接发车及维修施工、巡道、道口人员等可以确认

注：根据铁总科技〔2017〕221 号文件，第 236、237 图删除。

列车运行情况。但遇天气不良如遇雾雨雪及沙尘影响时,有关人员确认列车困难时,列车标志于昼间均应点灯,以保证列车运行及有关行车作业人员的安全。

前部是指列车或车列前部的适当位置;后部是指列车或车列后部的适当位置。

头部是指列车或车列的最前一辆车;尾部是指列车或车列的最后一辆车。

前端是指列车或车列最前一辆车的前端;后端是指列车或车列最后一辆车的后端。

第十九章 听觉信号

第460条 听觉信号,长声为3 s,短声为1 s,音响间隔为1 s。重复鸣示时,须间隔5 s以上。

本条对听觉信号的鸣示时间进行了规定。

听觉信号是以号角、口笛、机车、动车组以及自轮运转特种设备发出的鸣笛,形成长短不同、组合方式不同的声响,以表示不同含义的信号。

由于铁路行车工作是由多工种联合作业,互相配合完成的,工种间有许多工作需要进行联系,在天气不良、视觉信号不能使用以及通信设备不能使用等情况下,都需要使用听觉信号。

《技规》规定了统一的听觉信号,以便共同执行。此外,还有语音提示信息也属于听觉信号范畴,但不在本条规定。

听觉信号是以声音长短来表示的,长声及短声的音值长度都有相应的规定,两音响间也要有间隔。同一听觉信号重复鸣响时,须间隔5 s以上。

根据城市噪声控制标准要求,部分城市在市区及居民区对列车鸣笛作了限制规定,有关限制鸣笛区域的听觉信号替代方式由铁路局制定。

第461条 机车、自轮运转特种设备作业中提示注意、相互联系等应使用通信设备方式。遇联系不通或危及行车人身安全时,应采用鸣笛方式。机车、自轮运转特种设备鸣笛鸣示方式见第34表。

第34表 机车、自轮运转特种设备鸣笛鸣示方式表

名称	鸣示方式	使用时机
起动注意信号	一长声 —	1. 列车起动或机车车辆前进时(双机牵引或使用补机时,本务机车鸣笛后,补机应回答,本务机车再鸣笛一长声后起动) 2. 接近鸣笛标、道口、桥梁、隧道、行人、施工地点或天气不良时 3. 电力机车、自轮运转特种设备在检修及整备中,准备降下或升起受电弓时

续上表

名　称	鸣示方式	使　用　时　机
退行信号	二长声 — —	列车、机车车辆、单机开始退行时
召集信号	三长声 — — —	要求防护人员撤回时
牵引信号	一长一短声 — ·	途中本务机车要求补机牵引运行时(补机应以同样信号回答)
惰行信号	一长二短声 — · ·	本务机车要求补机惰力推进或要求补机断开主断路器时(补机应以同样信号回答)
途中降弓信号	一短一长声 · —	1. 电力机车双机牵引中,本务机车司机要求补机降下受电弓时(补机须以同样信号回答) 2. 电力机车司机在途中发现降弓手信号时,应鸣此信号回示
途中升弓信号	一短二长声 · — —	1. 电力机车双机牵引中,本务机车司机要求补机升起受电弓时(补机须以同样信号回答) 2. 电力机车司机在途中发现升弓手信号时,应鸣此信号回示
呼唤信号	二短一长声 · · —	1. 机车要求出入段时 2. 在车站要求显示信号时
警报信号	一长三短声 — · · ·	发现线路有危及行车安全的不良处所时
试验自动制动机及复示信号	一短声 ·	1. 试验制动机开始减压时 2. 接到试验制动结束的手信号,回答试风人员时 3. 调车作业中,表示已接受调车长所发出的手信号时
缓解及溜放信号	二短声 · ·	1. 试验制动机缓解时 2. 要求列车乘务组缓解人力制动机时 3. 复示溜放调车信号时
拧紧人力制动机信号	三短声 · · ·	1. 要求列车乘务组拧紧人力制动机时 2. 要求就地制动时
紧急停车信号	连续短声 ·······	司机发现(或接到通知)邻线发生障碍,向邻线上运行的列车发出紧急停车信号时。邻线列车司机听到此种信号后,应紧急停车

本条对听觉信号的鸣笛、鸣示方式作了详细描述。

机车、自轮运转特种设备以鸣笛方式显示的听觉信号，是机车乘务员在牵引列车运行和调车作业中，以及在被迫停车后，与其他有关行车人员联系工作，或发出警报提醒路内外人员注意，或通知有关事项时使用的一种信号。

随着铁路通信设备的发展，列车无线调度通信设备的广泛采用，机车、自轮运转特种设备在场内或区间有关作业中相关工种的联系，都可通过列车无线调度通信设备及站场无线电话进行。因而作业中通过机车、自轮运转特种设备鸣笛进行作业联系的方式已不常使用。

第462条 口笛、号角鸣示方式见第35表。

第35表 口笛、号角鸣示方式表

用途及时机	鸣示方式	
发车、指示机车向显示人反方向移动	一长声	—
指示机车向显示人方向移动	一短一长声	· —
试验制动机减压	一短声	·
试验制动机缓解	二短声	· ·
试验制动机结束及安全信号	一短一长二短声	· — · ·
一道	一短声	·
二道	二短声	· ·
三道	三短声	· · ·
四道	四短声	· · · ·
五道	五短声	· · · · ·
六道	一长一短声	— ·
七道	一长二短声	— · ·
八道	一长三短声	— · · ·
九道	一长四短声	— · · · ·
十道	二长声	— —
二十道	二短二长声	· · — —

续上表

用途及时机	鸣示方式	
十、五、三车距离信号:十车	三短声	· · ·
十、五、三车距离信号:五车	二短声	· ·
十、五、三车距离信号:三车	一短声	·
连结及停留车位置	一长一短一长声	— · —
停车	连续短声	· · · · · · · ·
要求司机鸣笛	二长三短声	— — · · ·
试拉	一短声	·
减速	连续二短声	· · · ·
溜放	三长声	— — —
取消	二长一短声	— — ·
再显示	二长二短声	— — · ·
列车接近通报信号:上行	二长声	— —
列车接近通报信号:下行	一长声	—

本条对听觉信号的口笛、号角的鸣示方式作了详细描述。

口笛、号角所发出的听觉信号,是行车有关人员,包括调车人员,扳道人员、检车人员、扳道人员之间,或其与司机之间在作业中使用的信号。长、短声及间隔时间均应遵守本规程第460条规定。

在通信设备不发达的年代,遇天气不良进行作业时,口笛、号角所发出的听觉信号在行车作业中起了重大作用。在无线通信设备发达的今天,则很少使用。

缩写词对照表

序　号	缩写字母	中　文　名　称
1	CBI	计算机联锁
2	CIR	机车综合无线通信设备
3	CTC	调度集中系统(调度集中设备)
4	CTCS	中国列车运行控制系统(列控系统)
5	GPRS	通用分组无线业务
6	GSM-R	铁路数字移动通信系统
7	GYK	轨道车运行控制设备
8	LKJ	列车运行监控装置
9	STP	无线调车机车信号和监控系统
10	TAX	机车安全信息综合监测装置
11	TCC	列控中心
12	TDCS	列车调度指挥系统
13	TSRS	临时限速服务器
14	UPS	不间断电源
15	ZPW	自动闭塞移频无绝缘轨道电路

计量单位符号

km —— 千米(公里);

m —— 米;

mm —— 毫米;

t —— 吨;

kg —— 千克(公斤);

h —— [小]时;

min —— 分;

s —— 秒;

V —— 伏;

kV —— 千伏;

Pa —— 帕;

kPa —— 千帕;

kN —— 千牛;

kg/m —— 千克/米(公斤/米);

km/h —— 千米/小时(公里/小时)。

词 语 释 义

1. **技术设备**:在本规程中是指与铁路运输组织、安全生产直接相关的设备,包括铁路机车车辆、线路、桥隧、通信、信号、牵引供电、电力、给水、房建、信息、安全、防灾救援、铁路轮渡、客货运设备及其相关维修、检测、监测、监控设备等。铁路用地虽不是铁路技术设备,但纳入铁路技术设备管理。

2. **不同物理路由**:在本规程中物理路由是指光、电缆直埋沟或管道、槽道的敷设径路(含引入口);不同物理路由是指相隔一定距离分别设置的物理路由。

3. **双电源**:在本规程中是指牵引变电所两路电源一般来自电力系统不同变电站、电厂,确有困难时可来自同一变电站不同母线段。连续两座及以上牵引变电所的电源不能同时引自同一座变电站。

4. **双回路**:在本规程中是指牵引变电所两路电源须经不同回路独立引入牵引变电所。双回路原则上不应同杆架设。

5. **径路**:本规程中的"列车径路""运行径路"是指列车运行图、列车开行文电、调度命令等规定的列车从始发站到终到站所经过的线路。车站作为列车径路中一个点,其接发列车进路变更不属于变更列车径路。

6. **进路**:在本规程中是指在站内、岔线、段管线,列车、机车(自轮运转特种设备)或车列由一个地点运行(移动)到另一个地点,所经由(或为此准备)的一段线路,集中联锁区一般采用按压列车、调车按钮的方式办理。进路包括列车进路和调车进路。列车进路包括接车进路、发车进路和通过进路,延续进路为接车进路的一部分。

7. **经路**:在本规程中是指列车、机车(自轮运转特种设备)或车列由一个地点移动至另一地点所经过的路线,经路可以是一条进路,也可以是多条进路或进路与区间线路、联络线、走行线等综合构成。

8. **列检作业**:在本规程中是指在列检作业场由现场检车员对列车进行的技术检查作业,或在客列检所在站由现场检车员对旅客列车和特快货物班列进行的技术检查作业。

9. 运行途中:在本规程中是指列车从始发站出发后到终到站终到前的运行过程。

10. 在站折返:在本规程中是指旅客列车、特快货物班列到达终到站,车底不入库作业,仅完成客列检或车辆乘务技术检查等作业后,折返运行。

11. 立即停车:在本规程中是指立即采取停车措施。司机根据现场实际情况,自行决定采取何种停车措施。

12. 双线:在本规程中是指区间内设有两条正线,上下行列车分别在各自正线上按左侧单方向运行的线路。

13. 两线:在本规程中是指区间内设有两条正线,分别按两条单独的线路组织行车的线路。

14. 多线:在本规程中是指区间内设有三条及以上正线的线路。

15. 尽头线:在本规程中是指站内股道终端设置车挡的线路。尽头线的起点应根据设备情况确定,到发线一般为进入该股道道岔的尖轨尖,正线一般为股道出发信号机。

16. 折角运行:在本规程中是指列车在运行途中因变更列车运行方向或运行线路,需变更列车首尾方向运行。

17. 临时定点列车:在本规程中是指列车运行图文件及有关文电以外以调度命令加开的列车。